中国历代谋臣系列

鲁肃

被低估的战略外交家

宿巍 著

辽宁人民出版社

© 宿巍　2024

图书在版编目（CIP）数据

鲁肃：被低估的战略外交家 / 宿巍著 . — 沈阳：
辽宁人民出版社，2024.2
（中国历代谋臣系列）
ISBN 978-7-205-10888-5

Ⅰ .①鲁… Ⅱ .①宿… Ⅲ .①鲁肃—传记 Ⅳ .
① K827=363

中国国家版本馆 CIP 数据核字（2023）第 196137 号

出版发行：辽宁人民出版社
　　　　　地址：沈阳市和平区十一纬路 25 号　邮编：110003
　　　　　电话：024-23284191（发行部）　024-23284304（办公室）
　　　　　http://www.lnpph.com.cn
印　　刷：河北朗祥印刷有限公司
幅面尺寸：145mm×210mm
印　　张：7
字　　数：120 千字
出版时间：2024 年 2 月第 1 版
印刷时间：2024 年 2 月第 1 次印刷
责任编辑：赵维宁
封面设计：乐　翁
版式设计：一诺设计
责任校对：吴艳杰
书　　号：ISBN 978-7-205-10888-5
定　　价：39.80 元

序　言

历史上，总有一些人明明很重要，却常常被忽略。这些人深藏功与名，可是对历史却有着重要而深远的影响，三国时期的鲁肃就是典型代表。

三国时代，群星璀璨，人才辈出。一部《三国演义》写尽三国英雄，更是令三国故事家喻户晓，妇孺皆知。

然而，演义只是小说，故事不是历史。

赤壁之战是古典小说《三国演义》浓墨重彩着重叙写的篇章，也是全书的精华所在。诸葛亮的智谋、周瑜的偏狭、曹操的狡诈被塑造得惟妙惟肖、形象生动，他们是故事的主角。有主角当然就要有配角，而鲁肃就是其中的配角，是专门用来烘托这些主角的绿叶。

但很多人不知道的是，在真实的历史中，鲁肃不仅不是配角，

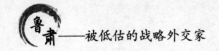

还是极其重要的存在。

人人都知三国，可三国从何而来？当然来自赤壁之战。正是这场战役改变了当时的战略格局，孙刘两家在南方实现联合，共抗曹操。赤壁之战孙刘联军以少胜多击败曹操，迫使其退回北方，两弱抗一强的形成，三国鼎立的格局才得以确立。

而促成孙刘联盟的主要推动者之一就是鲁肃。

三国鼎立源自赤壁大战，而赤壁大战的关键在于孙刘联合，鲁肃是孙刘联合的发起人之一。

两方联合要想成功，必然是双向奔赴，才有可能实现。

众所周知，诸葛亮初出茅庐的第一功是出使江东，促成孙刘联盟。诸葛亮在刘备阵营的地位也由此确立。因为这次出使是在最危急的关头挽救了刘备，而刘备此生的转折也是从此开始。

孙刘联盟，诸葛亮代表的是刘备，鲁肃代表的是孙权。

鲁肃加入江东阵营的第一功也是力主孙刘联合。

但不同于诸葛亮的初出茅庐，鲁肃为立此功，已经等了整整十年之久。

孙刘联盟提升的不仅是诸葛亮在刘备阵营的地位，也包括鲁肃在江东阵营的地位。

诸葛亮于建安十二年（207）被刘备三顾茅庐请出草庐。而鲁肃是建安三年（198）随周瑜渡江南下来到江东，当时主事的还是孙策。接下来的十年，鲁肃都没有正式的官职，直到十年后的建安十三年（208），鲁肃才等到改变他命运的机会——出使荆州。

赤壁之战，鲁肃以赞军校尉的身份辅佐周瑜大破曹军，又立大功一件。

仅仅两年后，鲁肃便以奋武校尉接替周瑜执掌江东兵马。从默默无闻到三军主帅，鲁肃只用了三年。

鲁肃新官上任做的第一件事就是力劝孙权将江陵借给刘备，分担防守压力，巩固孙刘联盟。这是鲁肃在赤壁之战力主孙刘联合击败曹操后的又一富有战略远见的举措。

借江陵，不是孙权单方面的让步，而是孙刘两方的双赢。

赤壁之战后，周瑜攻占江陵，原属荆州刘表的长江防线尽归孙权所有。然而，由此一来，孙权不得不在数千里长江之上独抗曹操，而被江东军隔在长江以南的刘备据有荆州南部四郡，却完全不用担心曹操的威胁，因为有江东军挡在前面。

孙权虽入据江陵却陷入曹操与刘备的南北包夹之中，局面看似有利，实则危机四伏。

鲁肃正是看到这一点才力劝孙权将江陵借给刘备，以分担荆州防守之责，同时利于东线合肥，专心与曹操在巢湖一线对抗。孙权也深知其中利害，才同意鲁肃的提议，将江陵借给刘备。孙刘联盟才能够长期稳固。

鲁肃的策略对孙刘双方都大有好处，利益受损的只有在北方占据中原的曹操。

这从曹操的反应中也可窥见一二。当曹操听闻孙权借地给刘备时，正在书写的他不觉失手，笔落于地而不察。因为曹操明白，这意味着南方联盟已成，他再难有机会统一天下。

相比之下，周瑜不但反对借地还主张扣押刘备，单独进兵攻取蜀地，妄图以江东一己之力全据长江对抗曹操。这就不仅是战略短视，还是痴心妄想。孙权何尝不想，可是实力不允许。仅从此一事就能看出，鲁肃胜出周瑜何止一筹。

纵观江东将帅，配得上战略家的也只有鲁肃而已。可是，就是这么一位国宝级的战略家却遭到很多人的忽视。江东四大都督——周瑜、鲁肃、吕蒙、陆逊。众人只知赤壁周郎、白衣渡江的吕蒙、火烧连营的陆逊，却不知被他们忽略的借江陵的鲁肃才是真正富有战略眼光的大都督。

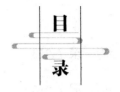

目录

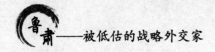

鲁肃——被低估的战略外交家

东城豪侠

——智勇兼备的豪族子弟

受通俗历史小说《三国演义》的影响，在大多数人的印象里，鲁肃都是一副忠厚稳重的长者形象。他或许忠厚，可是跟稳重却一点也不沾边。他的文学形象与历史形象相差甚远，也可以说就是两个完全不同的人。

鲁肃不是儒生，不是文官，而是豪侠，是文武兼备、智勇双全的豪侠。

以他的出身而言，本来他难逃"凡品"二字的桎梏，然而，鲁肃却抓住了时代的窗口期，抓住了江东发展的窗口期，改变了自己的命运，成为时代的"异类"。

《三国演义》中，鲁肃为数不多的出场机会主要集中在赤壁之战前。

曹操举兵南下席卷荆州，准备顺江攻打江东。此时的东吴文主降武主战。而被小说塑造成忠厚老实的文官的鲁肃却极力主战，显得十分与众不同。

鲁肃为何跟其他的文官同僚唱反调，一力主战，《三国演义》却没说明白。这是因为《三国演义》是小说，并不打算详细分析历史事件的成因，甚至会为了文学效果而篡改史实。

而在真实的历史中，曹丕篡位后，东吴使臣赵咨的一番话，道明了个中原因及其背后的深厚历史背景。

当时刘备为关羽报仇率大军伐吴，孙权为免两面受敌，向曹丕称臣。

而曹丕这时刚刚篡汉，自信不足，急需重量级人物来捧场，于是双方一拍即合，曹丕为此甚至放弃了趁势消灭东吴的大好时机。

这时东吴使臣赵咨出使魏国，曹丕问道："吴王乃何如主也？"赵咨也不含糊，当着魏国君臣的面，对自己的主公一阵猛夸，说孙权是聪明、仁智、雄略之主，知道曹丕不会服气，还特意做了一番详细说明："吴侯纳鲁肃于凡品，是其聪也；拔吕蒙于行阵，是其明也；获于禁而不害，是其仁也；取荆州兵不血刃，是其智也；据三江虎视天下，是其雄也；屈身于陛下，是其略也。"

"凡品"这个词，道尽了汉末三国许多事件背后的奥秘，是解开那个时代诸多谜团的关键词，显示的是东汉豪族政治的演变终局。

鲁肃正是豪族中的一员，而豪族里面又分三六九等。

上等的是颍川、汝南那些诗书传家的儒学士族，这些家族的优秀子弟多在朝中为官，不乏累世公卿之家。

中等的是地方上的士大夫，虽在朝廷却缺乏关系，但在地方人脉极广，州郡的别驾、功曹常为这些家族子弟充任。

下等的则是以勇烈豪侠闻名的地方豪强，豪族的原始形态。鲁肃就属于豪族中的下等，出身地方豪强，在公卿士大夫眼里，鲁肃这种人就是不入流的凡品。

要弄清楚豪族政治的这些门道，必须先回溯一下豪族的发展史。

战国时代，山东六国的社会气氛是很活跃的。经济发达，文化繁荣，推动着社会的多元化发展，各种职业都得到充分的发展。

但是与此相对的，僻处西陲的秦国发展滞后，反而实现了秦国的国家意志，底层人民不是去当兵打仗，就是在乡下种地为去打仗的士兵供应粮食。

理论上秦国不需要这两种人以外的人，秦国的社会就像一台高效运转的战争机器，虽行之有效但缺乏生机，整个国家就如同一个大兵营。秦国是军政府管制下的战事体制，落后的经济文化反而推动了军事体制的顺利执行，以耕战立国压制思想文化的秦国在兼并战争中战胜了文化昌明、经济繁盛的山东六国，最终统一中国。

但秦国在统一后并未改弦易辙，而是继续维护战事体制，就要把所有人平均化，不是平均富裕而是平均贫穷。因为按照秦政设计者商鞅的说法，人民贫穷才愿意被国家驱使，一旦富裕温饱国家就驱使不动了。

在秦朝的强制迁徙下，山东六国的豪族破产流亡，平民也饱受徭役兵役的压榨。但这类模式注定不会长久，因为人的忍耐也是有极限的，超过极限必然走向另一个反面：不在沉默中爆发，就在沉默中灭亡。陈胜吴广起义在大泽乡一爆发，曾经不可一世的大秦帝国果然就亡了。

汉初吸取前朝教训，奉行黄老之术，与民休息，无为而治。国家放松对基层的管控，但地方豪族很快就出来填补空白，诸多

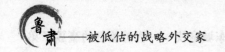

豪族如雨后春笋般冒出来，在政府之外，形成了强大的豪族阶层。

只是好景不长，汉武帝上台后对豪族进行了比秦朝更凶猛的打击。在酷吏政治的腥风血雨之下，不服的豪族被干掉，剩下的认清了形势，完全服从国家的领导。

进入国家政权的豪族在尝到体制的甜头后，便一发不可收，将一批又一批的家族子弟塞进各级政府。从中央到地方，到处可见豪族子弟的身影。这些豪族利用权力逼迫汉元帝放弃打压豪族的政策。

豪族以迅猛的势头发展，到东汉时，豪族已经成为国家政治的主角。东汉能实现中兴靠的就是这些豪族。

到汉武帝时代，官本位社会逐渐成型，权力在社会上的重要性胜过一切。罢黜百家，独尊儒术，儒家的地位迅速超越法家，儒学经典被立为官学，官员以通经入仕成为正途。民间对通过做官能带来实际利益的儒家思想更是趋之若鹜。

儒学在被官方尊崇以前就是显学，孔子、孟子的地位崇高，儒学在民间有着广泛的群众基础。在官方的倡导下，儒学在社会上的影响急剧扩大，成为社会的主流价值。

儒学成为主导思想，儒学水平的高低与践行儒学价值的能力成为评价一个人身份的重要标准。

到东汉中后期，许多学有所成的人做到高官，出现了汝南袁氏、弘农杨氏这样世代公卿的儒学世家。

这些既得利益者为了维护他们的地位，形成了一套以他们意志为标准的人才评价体系，即人物品鉴，由知名士人对各类人才进行品评，得到好的评价就成为名士，往往身价暴涨，立得高官，儒学名士对政治的影响力也越来越大。

而未及时转型儒学的武力豪族就很尴尬了，他们被排斥在主流士大夫圈子之外，只能在乡里做土财主，对政治的影响微乎其微。

在朝廷里那些上等出身的儒学世家眼里，下等地方豪族出身的人当然只能算凡品。即使在那些出仕州郡的二等世家大族眼中地方豪族也属于不入流。

武力豪族向上的通道被先于他们起家的儒学士族封闭。于是这些人只能向下发展，利用宗族势力聚集起本族人员，又通过雄厚的经济实力控制附从的宾客、奴仆，形成土生土长的地方土豪。

这些地方土豪又分为土豪劣绅和豪侠之士。土豪劣绅凭借武力横行乡里，就是汉末所谓的浊流，名声臭，层次低，属于人见人嫌的垃圾。

这些土豪劣绅因为吃相过于难看，即便在汉末乱世中浑水摸鱼，占块地盘，也很快会被势力更强的土豪干掉，比如泾县大帅祖郎、巢湖水寇郑宝之类。

另一种豪侠之士跟土豪劣绅做法相反，他们有朴素的正义感，所作所为跟儒学名士大同小异。他们不会轻易被取代，但也很难壮大。大多数地方豪族都属于这种类型，他们的势力范围仅限于乡里村县。

地方土豪也想转型，朝儒学世家的方向发展，但读书进学通经至仕，比想象中难得多。

两汉的儒家经学十分烦琐，学习这种经学，要有极强的悟性、超强的记忆力，还要有名师指点，所以大部分有心转型的武力豪族刚开始都会先读有助于实际政治的兵法、历史等方面的书籍，在家族有一定学术积累后再去学习儒家经典。

这些求学上进的武力豪族，地位处于儒学士族之下，土豪劣绅之上，用"凡品"来形容再合适不过：有品第，但品第不高。

而鲁肃的家族就属于一个典型的凡品武力豪族。与之出身相近的还有不远处的寿春孙策。

众所周知，江东孙氏是扬州吴郡人，但孙坚是在寿春发迹。寿春属扬州九江郡。虽然九江与吴郡同属扬州，但一个在江北，一个在江南，地域风俗差别很大。

孙策自幼在寿春长大，但他更像淮泗人，与他一起玩耍的小伙伴也多是淮泗人，其中最有名的就是他的好兄弟周瑜。

孙坚起兵时，家眷都留在寿春。孙策名满淮泗之后，周瑜特意从老家舒城慕名而来拜会孙策。两人从此结下牢不可破的兄弟情谊，周瑜后来是孙策征战江东的得力助手，两人还分别娶了江东美人大乔和小乔，成为连襟。孙策还听从周瑜的劝告把家从寿春搬到舒城。孙策一家在舒城住的就是周瑜家的房子。

彼时，孙家的地位介于武力豪族与州郡儒学世家之间，孙策本人尚武，但从他的弟弟孙权开始有明显的转文倾向。

孙权喜欢读具有实用价值的兵书战策、历史典籍，但还不通儒家经典，说明孙家在从武力豪族向儒学世家转化，与此同时，他也未丢掉习武的风尚。苏轼在他的词作《江城子·密州出猎》中写道："亲射虎，看孙郎。"说的就是孙权爱好打猎喜欢射虎的故事。

很多人都未注意到的事实，是孙权与鲁肃从家庭出身到兴趣爱好都出奇的相似，也许正是这些原因令两人在未来成为关系亲密的君臣。

鲁肃，字子敬。陈寿的《三国志》写鲁肃是临淮东城（今安徽定远）人，其实是错的，临淮是汉武帝时期设立，东汉前期撤销，到西晋才恢复的地名。当时的东城隶属下邳，严谨地说，鲁肃应是徐州下邳国东城县人。

鲁肃出生的东城虽属徐州，但在地域文化上更接近扬州，因为东城毗邻扬州的治所寿春，下邳国的东城县与九江郡的寿春城同属淮泗流域。

汉末豪族的发达程度与所在地的经济繁荣程度是相匹配的，当时经济最发达的是中原，江淮流域属于偏远落后地区。

鲁肃家里虽然有钱，但不是儒学世家，在朝廷与地方郡县都缺乏人脉，与士大夫圈子几乎没有交集，自然也不会有名士来品鉴他，所以鲁肃的社会地位不高，只是个普通的乡间土豪。

鲁肃身材高大，喜欢击剑骑射，招揽门客，后见天下将乱，就在山中讲习兵法、将门客部曲组织起来进行训练。

汉朝在汉武帝数十年的征伐之后，海内虚耗户口减半，并不是人真的死了一半，而是很多人不再是国家控制下的编户齐民，他们脱离户籍投靠豪族去了。

豪族虽然从他们身上收的田租比国家定的租税要高不少，但能保证确实就收这么多，除此之外还能帮他们逃脱可怕的徭役和兵役，而这些才是真正要人命的。

兵荒马乱的时候，常常由地方豪族牵头建坞堡，聚乡兵，保境安民，使乡民免遭盗匪乱兵的杀害，像许褚、李典都曾是坞堡首领。豪族在乱世是社会的中坚力量。

鲁肃自幼丧父，是被奶奶带大的，虽然失去父爱但家庭富裕，不必为衣食发愁。

从他后来为孙权出谋划策的经历来看，他也应该读过不少书，特别是兵书，这点与孙权很像。他的箭术水平很高超，在家乡也练就一身武艺。后来，鲁肃率宗族部曲南下投奔周瑜，州里派兵追赶。鲁肃令部下拉弓搭箭，严阵以待。他将盾牌立在阵前，连连发箭，每箭洞穿盾牌，将追兵惊得目瞪口呆。

鲁肃的箭术水平与喜欢射虎的孙权有一拼。

鲁肃与孙权相似的地方实在太多，也难怪后来他们君臣的关系那么好，志趣相投才能玩到一块儿。

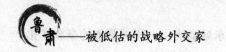

天下大乱，鲁肃在家乡东城也率领宗族部曲附从乡民兴筑堡垒，也做起了堡主。

千万别小瞧这些堡主，连马中赤兔的骁将吕奉先都在坞堡面前吃过亏。

兴平元年（194），吕布与曹操为争夺兖州鏖战近一年，然后双方不约而同地撤兵罢战，不是他们和解了，他们罢兵的原因很简单，没粮了。饭都吃不上，仗自然就打不下去了。

吃饭已经成为当时的头等大事。

当时全国发生普遍性粮荒，长安一斛米竟然卖到 50 万钱，饿死的人不计其数。

兖州的情况更加糟糕，吕布只得带兵到处抢粮。他抢的就是各地乡间的坞堡，因为只有这些地方才有粮食。

一次，吕布流窜到乘氏县，想从当地大姓李氏那里抢粮。李氏当然不肯给，于是双方大打出手，结果却令人大跌眼镜，吕布居然被李氏的宗族武装打得抱头鼠窜。李氏宗族的族长李乾就是当地有名的堡主，不久前被吕布的部将所杀，接任堡主的是他的侄子李典。

李氏宗族能把吕布打跑可见其实力。李典后来率宗族投奔曹操成为其部将。曹操手下的很多将领出身都与李典相似，都是带着队伍来投军的。曹操再根据其实力大小授予相应的官职。

鲁肃家在东城是地方土豪。他也很有先见之明，早早拉起一支队伍，以射猎为名操练人马。鲁肃喜好击剑骑射，习武练兵正合其意。

当时战乱纷起，土匪乱兵横行，鲁肃也在当地修筑坞堡，散布家财广交各路豪杰，甚至不惜售卖田地。家乡父老对此议论纷纷，都说："鲁氏世衰，乃生此狂儿！"文言文说得比较客气，翻译成白话就是，鲁家看来是要破败了，怎么生出这么个败家子！

对乡民的背后议论，鲁肃不以为意，因为他清楚，乱世里想要生存下去必须有枪杆子，得有自己的武装，否则不管多大的家业那都是给别人保管的，早晚被人夺去。现在筑堡练兵只是费些钱财，如果不未雨绸缪，等乱兵土匪杀来，别说财帛粮食，连身家性命恐怕都难以保全。

指困相赠

——鲁肃与周瑜的友谊

鲁肃家富于财，花起钱来从不吝啬，也由此结交到不少英雄豪杰，在淮泗一带小有名气。

很快就有人慕名而来。

一天，鲁肃家的坞堡来了一伙客人，人还不少，足足有数百人之多，为首的是一位相貌堂堂的青年。此人自我介绍，姓周名瑜字公瑾。而他正是日后声名显赫的江东大都督周瑜。

相比鲁肃的地方土豪出身，周瑜才是真正的出身名门。周瑜，是扬州庐江郡舒城（今安徽庐江西南）人。庐江周氏在当时是仅次于汝南袁氏、弘农杨氏的政治豪门。

庐江周氏发迹于周瑜的高祖父周荣，时间比汝南袁氏稍晚。汝南袁氏发迹于袁绍和袁术的高祖父袁安，而周荣正好是袁安的部下兼心腹，从袁安开始袁家连续四代都有三公，而周家则是要等到周荣的孙子周景那一辈才当上三公，比袁家晚了两代，为二世三公，袁安家族和周荣家族在《后汉书》里被写进了同一传记，如此家世可称得上显赫。

周荣虽未能当上三公，却于光武帝的孙子章帝及曾孙和帝两朝担任要职尚书令。周景在担任豫州刺史期间，辟汝南陈蕃为别驾，颍川李膺、荀绲、杜密和沛国朱寓为从事，其中荀绲是荀彧的父亲，李膺后来成为士人领袖，陈蕃更是当上太傅执掌朝政，杜密和朱寓则都是党人的骨干成员。

周景后来和杨修的曾祖父杨秉同为三公，并在桓帝驾崩后参与拥立灵帝的计划，虽然谈不上"门生故吏遍天下"，但影响力也不容小觑。周景之子周忠在董卓死后不久接替皇甫嵩为太尉，后随献帝东迁，在曹操控制下的朝廷为官。

周瑜和杨修都出生于熹平四年（175），周瑜的父亲周异和从父周忠的儿子周晖都担任过洛阳令。

曹操则在熹平三年（174）举孝廉为郎，他原本也想成为洛阳令但未能如愿，随即被任命为洛阳北部尉。曹操担任洛阳北部尉时其上司很可能就是周异，甚至有人脑洞大开推测周瑜出生时曹操有可能还来喝过周瑜的满月酒。

周瑜有个叔叔叫周尚，是袁术的部下，担任过丹阳太守。

以周家的家世背景，在朝廷的人脉以及在地方上的声望，周瑜入仕后的起点肯定不会低，至少也是太守级别的高官。

《后汉书》记载周氏家族"好宾客，雄江淮间，出入从车常百余乘"，是江淮地区的名门望族。董卓掌权后对其也十分忌惮，专门派人攻杀周晖兄弟。

孙策十多岁时就"交结知名，声誉发闻"。周瑜也是"英达夙成"，两人都是少年成名的英雄，有总角之好，惺惺相惜，友谊深厚。周瑜后来追随孙策征战江东也就一点儿也不令人意外了。

不过，最开始周瑜与孙策都是袁术的部下。

袁氏四世三公，门生故吏遍布天下。到袁术这代仍有余泽，孙策的父亲孙坚、周瑜的叔父周尚都是袁术的故吏。

周瑜的高祖父周荣曾是袁术高祖司徒袁安的"门生故吏"，两家的渊源极深。

袁术当时割据淮泗一带，庐江周氏正在袁术的势力范围，自然要依附袁术，但庐江周氏并不看好袁术。这也是当时士大夫的普遍看法。不仅中原士大夫弃袁术如敝履，江淮之间的世家子弟也避之唯恐不及。

而孙策与周瑜最初追随袁术也是迫不得已。孙坚死后其部曲尽归袁术。孙策想要回父亲旧部只能选择加入袁术阵营。可孙策想不到，上了贼船，再想下去可就难了。孙策在余下的生命里都在为洗去附从袁术的贼名而四处奔波。

周瑜因为家族与袁氏渊源颇深，多位族中亲属在袁术帐下为官，老家舒城又在袁术治下，这让他在脱离袁术的问题上不得不有所顾虑，小心翼翼。直到建安三年（198）袁术败落，周瑜才渡江投奔孙策。

从时间上，孙策脱离袁术要早于周瑜。这主要是因为孙策被袁术坑得更惨。

孙坚死后，孙策就进入袁术幕府成为其麾下的一员骁将。孙策知道想要回父亲的部曲，就要立功，让袁术刮目相看。

初入官场的孙策还是很单纯的，那时他还年轻，真以为只要自己肯努力就一定会有回报。

兴平元年（194），孙策还不到 20 岁，他就如同现在的大部分同龄人那般天真，轻易就相信了领导袁术给他画的大饼。

袁术不久之前刚被曹操从豫州赶到扬州，此时的袁术急于在扬州扩张地盘。血气方刚、斗志正盛的孙策是最好用的枪，听

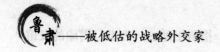

话，还能干活。

袁术对孙策说，好好干，九江太守就是你的。孙策很激动，当即二话不说就冲进战场，猛砍猛杀。可是得手后，袁术转手就将太守的位置给了亲信陈纪。孙策忙活半天，却给别人作了嫁衣，内心的失望、恼怒可想而知。袁术真的只是把孙策当枪使，并不想给他实权。

袁术知道孙策不满意，这也是自然的，这事儿换成谁也不会满意。为了安抚孙策，袁术又做出了新的许诺。因为袁术还要用孙策给他攻城略地。

当时袁术名义上掌控着扬州，但实际控制的只有九江郡，因为就连旁边的庐江郡都不服从他。庐江太守陆康一点也不把袁术当领导，基本上是自己干自己的，啥事也不向袁术汇报，这让袁术相当的不满。袁术自然不能容忍庐江郡独立于他的掌控之外，但开战也得有个理由。这个倒难不住袁术，损招他有的是，很快他就有主意了。

当时曹操与陶谦正在徐州大战，陶谦被曹操持续放血，已经只剩半条命了。早已对徐州垂涎三尺的袁术准备对徐州动手了。这么好的趁火打劫的机会，以袁术的人品又岂能放过。趁你病要你命！这个风格很袁术。虽然陶谦也算他的友军，但在利益面前，也顾不得许多了。

但在开打之前，袁术决定先向庐江太守陆康借点米再开拔。袁术的算盘打得很精。如果陆康不肯借米，那就以此为由，直接与陆康开战。如果陆康借了，那也不要紧，先拿这个粮食打陶谦，以后再找机会对付陆康，这与当初干掉南阳太守张咨是一个套路。

陆康早看出袁术这小子不是啥好东西，回答得很干脆：不借。袁术的反应也很干脆：给我打。袁术派出去打陆康的就是小将孙策。

出发前，袁术略带悔意地对孙策说，现在看来当初让陈纪当九江太守就是个错误，其实那不是我的本意，如今我也很后悔。这次只要打下庐江，那庐江太守的位置就是你的。

庐江太守比九江太守对孙策更有吸引力。袁术就待在九江郡的治所寿春城，寿春既是郡治也是州治。袁术在扬州的大本营就在寿春。

孙策即使当上九江太守，也难免束手束脚，但庐江就不同了。陆康能在庐江保持独立，那他孙策自然也能。

孙策愿意打陆康，不仅为抢地盘，也为报私怨。数年前，孙策曾以晚辈的身份去拜访陆康，谁知陆康却不肯见他，只是让主簿出面应付，随意就将孙策给打发了。

这件事让孙策怀恨在心，认为陆康是在轻视他，总想要报仇。孙家在这方面是有传统的，当初，荆州刺史王叡就是因为瞧不起孙坚而被后者干掉。如今，孙策也打算出兵向陆康报受辱之仇。

而陆康在得知孙策要攻打庐江后，及时在围城之前将部分陆氏子弟送出城外，在这批被转移的人里面就有后来声名显赫的陆逊。

陆康虽是个文官，但在地方多年，很得人心，很多在外的士兵在得知庐江被围的消息后都自愿回来参与守城。

于是，孙策在庐江打了一场惨烈漫长的围城战，战事持续一年多，孙策才攻破庐江，这与他之后横扫江东的迅猛速度形成鲜明的对比。孙策虽赢得了攻城战的胜利，却未享受到胜利的果实。因为他又被袁术耍了。

孙策苦战一年，好不容易打下庐江。就在孙策准备走马上任之际，却被告知新任庐江太守是刘勋，又不是他。

刘勋是袁术的心腹亲信。而孙策在袁术那里不过是个可以随意戏弄的职场新人。

活我干，功劳别人领，袁术，你忽悠我啊！孙策怒了。他对袁术也彻底失望，加快了脱离袁术的步伐。

正好此时袁术与正牌的扬州刺史刘繇闹翻，双方兵戎相见，已经打了一年多。

兴平元年（194），刘繇被李傕控制的朝廷册拜为扬州刺史。任命下来了，但刘繇迟迟不愿赴任，因为谁都知道，扬州是袁术的地盘。

当初，董卓掌控朝廷时为压制盘踞南阳的袁术，以刘表为荆州刺史。刘表去的时候是孤身一人，但他很快就得到荆州本地豪强的支持，成功挤走袁术。李傕让刘繇做扬州刺史不过是复制董卓的成功经验，想把袁术从扬州再次赶走。

套路就是那些套路，关键还要看执行的人。刘繇只有一个刺史的头衔，一个光杆司令，他怎么敢去招惹袁术？但丹阳郡及时向刘繇发出邀请表示欢迎。

这时，丹阳太守是孙策的舅舅吴景，担任丹阳都尉的是孙策的叔父孙贲。吴景、孙贲的官职都是袁术任命的，他们都是袁的部下。为何他们要欢迎袁术的敌人呢?因为利益冲突。孙氏名义上是袁术部属,但不是嫡系,在利益分配上与袁术及其心腹党羽是有矛盾的,这点在孙策两次被袁术欺骗上体现得尤为明显,双方迟早要分道扬镳。孙氏欢迎刘繇其实是在为单飞做准备。

因为刘繇只是个光杆司令,刘繇过江只能依仗孙氏,掌实权的还是孙家人。而且,刘繇是朝廷任命的刺史,吴景、孙贲作为名义上的下属迎接上级官长,于情于理都合规矩。

袁术也未把刘繇放在眼里,因为对方实力过于弱小。李傕放刘繇去扬州有点恶心袁术的意思。但同时,李傕也以朝廷名义封袁术为左将军。于是,袁术对刘繇渡江南下在曲阿建立据点的行为采取了默认的态度。

但刘繇以实际行动证明他并非草包,用业绩给袁术以及吴景、孙贲送上一份"惊喜"。

刘繇很快就组织起属于自己的军队,他的部队主要来源于两部分:原徐州彭城国相薛礼以及原徐州下邳国相笮融。薛礼是因为被陶谦排挤而在徐州混不下去才南下江东的。笮融很受陶谦宠信,但在其死后纵兵劫掠导致不被人接纳不得不选择南下。反正不管原因如何都是在徐州混不下去才来的,但来得早不如来得巧，刘繇此时正需要他们。

刘繇有了队伍胆气瞬间就壮了，开始有了跟袁术叫板的心思。袁术派孙策进攻庐江，给了刘繇机会。

因为陆康很能守城，孙策屯兵坚城之下，迟迟打不开局面，便找舅舅跟叔父调兵。吴景、孙贲把手下的主力都派去增援孙策，丹阳自然就空虚了。

刘繇立即出兵将吴景、孙贲驱逐。这还不算，刘繇也不打算与袁术划江而治分管南北扬州，而是主动打出去，在长江北岸建立据点，其中樊能、于麋驻扎在横江津，张英驻扎在当利口。

从江北南下丹阳，要从牛渚矶（后称采石矶，位于今安徽马鞍山西南）渡江，而横江津和当利口在牛渚矶北岸，牛渚矶渡口被刘繇控制。

此时刘繇拥兵数万，横治长江，走上人生巅峰。然而，他未能得意多久。

袁术当然不会容忍刘繇在扬州他的地盘上搞事情。

袁术派被刘繇驱逐的吴景、孙贲带兵打回去，攻击樊能、张英，但打了一年也打不动。

袁术为何不派孙策？因为孙策这会儿正在打庐江。

随着庐江被攻陷，孙策终于可以腾出手去帮舅舅跟叔父。

孙策向袁术请战，立即得到应允。

但吴景、孙贲打不动，换上孙策也打不动。不过，孙策倒是不担心，因为他已经给好兄弟周瑜写信了，后者很快就赶来助他一臂之力。帮助孙策打开局面的正是周瑜。

孙策为何对周瑜充满信心呢？因为周瑜的叔叔周尚此时正在刘繇手下备受重用。刘繇赶走吴景、孙贲，就将丹阳太守的位置给了周尚。而此时周瑜正在丹阳探亲。

其实，孙策不仅对周瑜有信心，他相信周尚也会倾尽全力帮助他。

孙策为何这般自信？毕竟，刘繇可是非常欣赏周尚的，还让周尚做丹阳太守这么一个重要的职位。

因为不久之前，孙策刚刚攻下庐江，而庐江郡的郡治就在舒城。周瑜的老家也在舒城，也就是说，现在庐江周氏宗族的大部分人都在孙策的保护之下。孙策打下舒城不可能不关照好兄弟的家眷。

周瑜自不必说会自动站队孙策，周尚就不好说了。但周氏宗族都在孙策军营的话，周尚也只能投向孙策这边。

尽管刘繇很器重周尚，但考虑到一家老小，周尚也只能对不起刘繇了。

刘繇苦心经营一年的长江防线终于从内部被攻破。周瑜带兵率船队接应孙策，本来很难的渡江作战因为周瑜的帮助变得十分容易。孙策率部顺利过江。

长江南岸的牛渚矶是一座易守难攻的江防要塞。孙策过江后立即从北面对牛渚矶发起攻击，但遭到守军的顽强抵抗，战事陷入胶着，就在攻守双方杀得难解难分之时，一队奇兵突然出现在牛渚矶的南面，率领这支部队的正是周瑜的叔叔周尚。他们本来是刘繇的队伍，如今却阵前倒戈投向孙策。守军做梦也想不到友军转眼就变成敌军。孙策与周尚南北呼应，守军腹背受敌，很快就崩溃，四散而逃。

周瑜帮孙策渡江，周尚助孙策夺港。庐江周氏为孙策征战江东立下大功。然而事后论功行赏，孙策只将功劳归于周瑜，只字不提周尚，原因在于背主求荣实在不是光彩的事儿。周尚只能保持低调。

过江之后的孙策如入无人之境，连下牛渚、湖孰、江乘，狂飙突进，势不可挡。孙策率军直扑刘繇的大本营曲阿。刘繇在出击失败后选择弃城而逃，向西逃往豫章。

孙策在攻占丹阳后已拥兵数万，刘繇及其部下望风而溃，破竹之势已成。于是，孙策对周瑜说："我以现有的兵力足可扫平吴郡、会稽。兄弟替我回去镇守丹阳吧。"周瑜回到丹阳不久就被袁术召回寿春，一并被调回的还有周瑜的叔叔周尚。

到建安二年（197），孙策基本扫平江东。而待在寿春的周瑜也在谋求南渡脱离袁术。

这一年，袁术又干了一件蠢事，招致举国痛骂、群雄声讨，这件蠢事就是自立为帝。袁术不顾众人反对公然称帝令其在政治上迅速陷于孤立，众叛亲离，与他为敌的自不必说，政治谴责与军事讨伐纷至沓来，就连与他向来关系不错的吕布与孙策也宣布与之决裂，划清界限。

袁术出兵攻击吕布，结果兵力占优的袁术却被吕布击败。接着，曹操又率军征讨袁术。自知不是对手的袁术留大将桥蕤阻挡曹操，自己则临阵脱逃。曹操很快击溃袁术的留守部队，斩杀桥蕤。损兵折将的袁术一路败逃，撤回淮南。

袁术正以肉眼可见的速度败亡。周瑜知道袁术大势已去，于是谋求外任，请求去居巢做县长。居巢在庐江治下，与舒城相距不远，更重要的是，居巢临江，与江东隔江相望，便于随时跑路。

很明显，居巢只是周瑜金蝉脱壳逃离寿春的一个跳板，他的最终目的地是江东。但周瑜从寿春出发后没有直接南下去居巢上任，而是一路向东来到徐州下邳的东城县。

周瑜是专程前来拜会东城豪侠鲁肃的。跑路之前，要见鲁肃，周瑜意欲何为？答案是借粮。问题在于，周瑜与鲁肃之前并不认识，更谈不上交情，不过，周瑜在交友方面向来主动，当初与孙策相识也是他登门拜访。

汉末乱世，各地郡县普遍饥荒，部队也经常乏粮。河北袁绍的部队吃过桑葚，淮南袁术的部队吃过河蚌。反而乡间的宗族武装因为组织乡民耕战屯守，还存有很多粮食。

很多乱兵土匪也想"借粮"，只借不还那种，但大多会被地方豪强给打回去。豪强们可不是好惹的，连吕布都吃过闭门羹。

当时的粮食是宝贵的战略资源，有钱都买不来。

周瑜来找鲁肃借粮，跟吕布找李典家借粮是一个意思，也是只借不还的那种。为何这么说呢？因为周瑜是以居巢县长的名义来借粮的，但他自己最清楚，他压根就未打算去干那个县长。居巢县长只是他用来跑路的头衔。"居巢县长"周瑜来找东城豪侠鲁肃借粮，明显是不怀好意。

有人会说周瑜也会干这种缺德事儿吗？当然会，周瑜也是人。风流倜傥的周公瑾与那些纵兵抢掠的军阀其实是一丘之貉。

周瑜上门也不是自己来的，他还带来数百随从，那个架势，不借就可能明抢，说借，只是客气客气，给双方都留个台阶下。

至于周瑜为何绕道大老远专程来找鲁肃借粮，原因有二：其一当然是鲁肃家有粮，鲁肃家是东城豪强，田地众多，存有大批粮食应该是尽人皆知的事情；其二是鲁肃声名在外，鲁肃慷慨侠义、乐善好施、喜欢赈济穷乏的事迹在江淮间早已广为传播，江湖上都知道，东城有个豪爽侠义、扶危济困的鲁子敬。周瑜想必也是听说过鲁肃的过往，慕名而来。

当周瑜见到鲁肃说明来意，鲁肃看看满面春风的周瑜，再看看周瑜身后数百部众那一张张"朴实的笑脸"，瞬间秒懂。

鲁肃明白来者不善，这又是一群不请自来的"贵客"。

鲁肃何等聪明，立刻绽放出花儿一般的笑容招呼众人，热情地将大家请进家门。

鲁肃那也是见过大场面的，今天这个情形必然要舍点财，不然过不去这关。

鲁肃很懂道上的规矩，粮食是肯定要给的，关键是给多少，怎么个给法。

庐江周氏何等背景，鲁肃当然清楚，对周瑜，鲁肃也是久仰大名。鲁肃知道必须给足周瑜面子，同时自己也要挣足面子。

简单寒暄之后，鲁肃直奔主题，带着周瑜来到自家后院，那里是囤集粮食的地方。鲁肃家有两囤粮食，一囤大约有 3000 斛，一斛大约是 40 斤。

鲁肃指着其中一囤对周瑜说，你带走吧。整个过程极其流畅自然，不见丝毫的踌躇犹豫，这下轮到周瑜蒙了。见过豪爽的，但这么豪爽的，周瑜还真未见过。鲁肃的这一波操作属实在周瑜的意料之外。周瑜一时有点反应不过来，听说过鲁肃为人豪爽，但如此豪爽，还是被惊讶到了。

待周瑜反应过来，一时竟激动得说不出话，鲁肃真是太给面子了。他只是一说，鲁肃就将家藏的一半粮食送给他，这是多大的人情啊，这是多重的情义啊。

鲁肃真是很会做人。明明是被人上门"借粮"，很被动的事儿，但经过鲁肃的巧妙应对，竟然化被动为主动，将对方感动得热泪盈眶。啥叫水平？这就叫水平。做人做事，滴水不漏，做足人情，给足面子。乱世里混出来的，个个都不简单。

周瑜来借粮是有求于鲁肃。其实，鲁肃也有求于周瑜。因为周瑜在江淮的名气之大、地位之高非鲁肃一个地方豪族可比，要是能与周瑜结交，对鲁肃而言也是好处多多。鲁肃并不满足于做一个普通的豪族，但要向上发展，也要有人引荐，才能融入上层士大夫的社交圈子。周瑜的到来对鲁肃来说是可遇不可求的良机。

鲁肃抓住了这个机会。他知道要博得周瑜的好感，必须要下大本钱，寻常的赠予打动不了周瑜。于是，鲁肃狠心将家财的一半谈笑间就送了出去。这招果然奏效，周瑜几乎是瞬间就被打动了。

鲁肃的慷慨之举令周瑜深受感动。周瑜就此认定，鲁肃是可交之人。两人因粮相识并定下生死之交。

这个故事就是有名的指困相赠。

在这个故事里，鲁肃的高情商与高智商都得到充分的展现，其反应之机敏，应对之从容，令人不得不佩服。

想想如果是一个低情商的泼妇，得知周瑜的意图，估计早就出去骂街了。不要说与周瑜这等政治豪门攀上关系，不被清算报复就不错了。

鲁肃在明知周瑜的真实想法后，却看破不说破，给对方留足面子，给予的援助又远远超出对方的预期，将一个本不光彩的欺诈行为不动声色地变成一个被传为佳话的交友故事。鲁肃的机智聪慧由此可见一斑。鲁肃后来能在江东成就大业，由此事看来就在情理之中了。真正有能力的人都善于处理应对各种危机，他们往往能不动声色地将危机转变成机遇，将本来不是机会的机会变成机会。鲁肃就是一个有能力的人。

甚至鲁肃都不会想到，他的指困相赠，直接改变了他的政治命运。周瑜就是鲁肃生命中的贵人。

一个人的成功是由多种因素促成的，只有能力够强的人才能把握住机会，充分利用机会。在此基础上，还要遇上贵人，有贵人相助才能事半功倍。

官场上，大多数时候其实都是任人唯亲，这个亲主要指的是亲近之人。领导在提拔下属官员时总有一个选择范围，那就是他平时的圈子。只有进入这个圈子，才能走进领导的视野，也才能获得晋升的机会。

他都不认识你，那又怎么会提携你。

圈子文化能大行其道自然有它的道理。

领导要熟悉你，才有可能提拔你。

而与领导"亲"的前提是进入他的圈子。人的精力都是有限的，领导的交友再广，认识并能维护的人也是有限的。

与其任用素不相识的陌生人，不如起用熟悉的亲近之人，亲近才能亲信，成为亲信才能受到重用。

鲁肃将近乎一半的粮食"借"给周瑜，在那些贪图小利、目光短浅的人看来是吃了大亏。然而，只有鲁肃知道，他其实是赚大了。

通过周瑜，鲁肃成功打开一条上升通道，也由此一步步跻身顶级领导层。

在机遇面前必须舍得投资，有舍才有得，必须要有长远眼光，不要计较小利，要看长远发展，投资未来。

时间是有成本的，尝试也是有成本的，关键时刻，必须要把握住机会，机不可失，时不再来。古人有益的经验要用心学习才能避免走弯路，事半功倍。鉴古是为知今。这也是读史书的主要目的之一。古人千百年的经验不学，非要碰得头破血流才醒悟，很多时候就已经晚了。读史明智，这是千百万人的经验智慧得出的真理。

读书，特别是读史书，为的是获取有用的知识与经验。多读史书，对人生肯定是有益的。

科学日新月异，但人性万年不变。洞悉人性才能走向成功。古往今来，成大事者，都是如此。

鲁肃与周瑜定交，使其身价倍增。袁术在得知周瑜与鲁肃交友后，随即任命鲁肃为东城县长。

虽然鲁肃是徐州人，行政上并不归袁术管。但在袁术那里，只要他能控制的地方都是他的地盘。实际上，徐州南部靠近扬州的地方早已被袁术渗透成了筛子。

但袁术不得人心，尤其在其称帝后更是成为全国共讨欲诛的国贼。

鲁肃这么聪明的人当然不肯上袁术的贼船。周瑜丢弃袁术的居巢县长选择南下投奔他的好兄弟孙策。鲁肃也放弃袁术给的东城县长的官帽选择追随他的好朋友周瑜一道去江东发展。

榻上对策

——江东版的隆中对

　　建安三年（198），周瑜二下江东，孙策亲自率军来迎。两年前，孙策下江东，是周瑜率船队携带粮草前来接应。如今，两人角色互换，还是那么亲热。

　　孙策任命周瑜为建威中郎将，拨两千名士兵归周瑜统领。孙策授予周瑜将军仪仗，为其兴建馆舍府邸。

　　孙策对众将说："周公瑾英隽异才，与孤有总角之好，骨肉之分，前在丹阳，发兵众船粮以济大事，论德酬功，此未足以报者也。"建威中郎将周瑜不久又被拜为江夏太守。当时，孙策最为倚重的文臣张昭的官职也不过是长史，外加一个抚军中郎将的职衔。因为孙策当时的官职也只是明汉将军，能封的官也就那么大了。

　　孙策在扫荡江东时，官位也不过是讨虏将军。

　　建安四年（199），与孙策蒸蒸日上的事业不同，骄奢淫逸的袁术已是日暮穷途。袁术想去投奔原来的部下雷薄、陈兰却被拒之门外，想取道徐州北上投奔袁绍，又被刘备阻击给打了回来。终于混到众叛亲离走投无路的袁术在回寿春的路上吐血而亡。

袁术死后，从弟袁胤、女婿黄猗畏惧曹操，不敢守寿春，扶着袁术灵枢率部曲数万人南下皖城去投奔庐江太守刘勋。

袁术的长史杨弘、大将张勋则率部准备渡江投奔孙策，走到半途却遭到刘勋的拦截，全都做了俘虏，携带的金银珍宝也尽归刘勋所有。

孙策得知消息自然恨死了刘勋，但装得若无其事继续维持表面的友好。刘勋新得数万部众实力大增，但问题也随之而来，又多了数万张嘴。袁术在最后仍有数万人，为何又要投雷薄、又要北上投袁绍，就是因为他已经没有粮食给这些人吃了。

刘勋的余粮也不多，很快就撑不住了。情急之下，刘勋派从弟刘偕前往豫章，想从那里买米。豫章太守华歆表示自己的粮食也是勉强够吃，实在拿不出多余的粮食，但表示可以派人去下属各县征集。于是，刘偕就跟着郡吏在海昏、上缭一带采购，原本计划买3万斛，结果，待了一个多月才买到几千斛。不过，买粮期间，刘偕得以深入豫章腹地，将当地的宗族屯堡的虚实探听得一清二楚。

刘偕写信向刘勋报告，与其大费周章地买粮不如直接抢粮来得划算。刘勋其实也早有此意，但他一直不敢动。

之前，刘勋打劫去投奔孙策的张勋等袁术旧部，虽然大发横财，但也得罪了孙策。刘勋怕被孙策报复，不敢轻举妄动。

孙策一直关注着刘勋的一举一动，知道了刘勋的心意后，很贴心地率军西征黄祖，以消除刘勋的顾虑。

刘勋得知孙策西征，这才敢带兵出击，但不知为何，刘勋要抢粮的消息被泄露出去，当地宗族逃散一空，粮食也都被藏了起来。

刘勋白忙一场一无所获，返回时路过彭泽又被孙策事先布下的埋伏给伏击了。倒霉的还不止这些，他的老巢也被孙策、周瑜趁虚而入给端了。

原来孙策根本就没去打黄祖，所谓西征只是一个幌子，目的就是忽悠刘勋让他放心去抢粮，孙策好趁机去打庐江。

刘勋这次是偷鸡不成蚀把米，粮未抢到不说，庐江也丢了。刘勋的老婆孩子以及袁术旧部数万人连同之前他抢的金银珠宝都成了孙策的战利品。

孙策任命汝南李术做庐江太守留兵三千防守此地，然后带着数万部众返回江东。

孙策跟周瑜在攻下刘勋的老巢皖城后得到了桥公（亦作"乔公"）的两个女儿：大乔与小乔。据说，桥公的这两个女儿都生得国色天香，当时江东人称孙策为孙郎，周瑜为周郎。于是，两人分别娶大乔与小乔，这下孙郎与周郎一起做了新郎。

接着，孙策仅用一纸书信便令豫章太守华歆纳款归降。之后，孙策从豫章郡中分出一个庐陵郡。孙策经过数年征战先后据有会稽、吴郡、丹阳（即丹杨）、豫章、庐陵、庐江。至此，孙策的江东六郡终于成形。

江东六郡太守分别是：

孙策会稽太守；

朱治吴郡太守；

吴景丹阳太守；

孙贲豫章太守；

孙辅庐陵太守；

李术庐江太守。

这里面，孙贲是孙策的叔父；吴景是孙策的舅舅；朱治是孙坚旧部；孙辅也是孙氏宗亲，与孙贲是堂兄弟。看得出来，这是名副其实的打虎亲兄弟，上阵父子兵。在关键位置上，孙策用的都是孙氏宗亲与故吏旧部。孙策甚至自己亲自担任会稽太守。孙策这个布局明显是对外人不放心。

以上太守是实授，还有遥领：

周瑜遥领江夏太守；

吕范遥领桂阳太守；

程普遥领零陵太守。

赤壁之战时，周瑜与程普分别担任左右都督，是军中的一号跟二号首长，然而就是地位如此重要的将领，排位次序依然在孙氏宗亲旧部之后。

但孙策想不到他的这个安排还是给他的接班人弟弟孙权带来了很多麻烦。

事实证明，在利益面前，宗亲有时也靠不住。赤壁之战前后，豫章太守孙贲、庐陵太守孙辅都与曹操暗通款曲，但被孙权及时发现迅速平定才未惹出更大的祸乱。

孙策留周瑜镇守豫章驻军巴丘，他则返回会稽。

需要注意的是，周瑜、吕范、程普遥领的江夏、桂阳、零陵都归属荆州，而此时的荆州牧是刘表。

以周瑜遥领的江夏太守为例，当时的江夏太守是刘表帐下大将黄祖。孙策之父孙坚就是被黄祖射杀的。孙策与黄祖有杀父之仇，而在孙策进攻刘勋的过程中，黄祖曾派兵增援刘勋但被孙策打败。江东与荆州有着深仇大恨，再联系到孙策将军中最能打的将领调到西线，孙策下一步的行动不言而喻，那就是西征讨伐黄祖、刘表报杀父之仇以及夺取荆州。

然而，孙策只能将这个任务留给弟弟孙权了。因为就在建安五年（200）年初，孙策被原吴郡太守许贡手下的门客刺杀。

孙策带兵入江东，在江东大族看来可不是衣锦还乡而是野蛮入侵。

孙氏虽是江东人，但发迹在淮泗。孙氏兄弟从小也都是在寿春长大。孙策人生的大部分时光是在寿春度过的，只是祖籍在江东，他的朋友如周瑜是淮泗人，他手下的重要将领蒋钦、周泰等都是淮泗人，他起家的部队被称为淮泗精兵。孙策其实是一个地地道道的淮泗人。

孙策临死之前指定二弟孙权作为他的接班人。孙策是有儿子的，却选择将事业交给弟弟，这本身就已经很能说明问题，孙氏

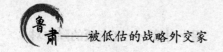

在江东初创，根基未固，需立长君。

孙策靠血腥屠杀以武立威，割据江东，世家大族多有不服，之所以不敢反抗只是慑于孙策的军事实力，他们中的很多人在孙策南下之际是抵抗过的，结果是家破人亡、妻离子散。他们顺从孙氏是不得已而为之，表面顺从，内心仍想反抗。孙策的死对于他们而言反而成为反攻的机会。

孙策手下的文武将吏大多是淮泗人，尤其是他指定的两位托孤大臣周瑜、张昭也都是淮泗人。数十年后，孙权托孤选定的顾命大臣诸葛恪、滕胤也是淮泗人。

张昭，字子布，徐州彭城人，避乱南渡深受孙策器重为文官之首。

危急时刻，张昭率群僚迎立孙权为江东之主。孙权整日哭泣不理政事。张昭对孙权说："孝廉，现在是哭的时候吗？如今奸佞横行，豺狼当道，此时还拘泥于礼制，犹如开门揖盗。"孙权这才止住悲泣，换上戎装外出巡视以安抚人心。

当时，周瑜领兵在外，听闻消息，立即带兵返回，与张昭共同辅佐孙权治理江东六郡。

孙权能够坐稳位置，周瑜的支持是关键，因为他是带兵来的。相比之下，张昭更多只是维持秩序辅助幼主的大管家。

孙策临终前对孙权说："举江东之众，决机于两阵之间，与天下争衡，卿不如我；举贤任能，各尽其心，以保江东，我不如卿。"孙策死的时候也才26岁，但政治上已经很成熟，他说得很明白，对于孙氏而言，开疆拓土的时代结束了。孙氏未来最重要的是保住江东。

但能不能保住江东，连孙策都没有十足的把握跟信心，他对张昭的嘱托更能说明他当时内心的焦虑："若仲谋不任事者，君便自取之。正复不克捷，缓步西归，亦无所虑。"孙策的意思很清楚，如果孙权担不起这份重担，就由你主事。如果在江东无法立足，那就率领部众西归。这里的西是相对江东而言，西指的是与江东隔江相望的"长江以西"，即长江以北的淮泗地区，在孙策眼中，那里才是他们的老家，最后的根据地。

孙策是以武力夺得江东，但他不确定他的弟弟能不能守住，所以才做最糟糕的准备。

孙策都不确定的事情，江东的各个派系就更不敢确定了。

《三国志·孙权传》："时策虽有会稽、吴郡、丹杨、豫章、庐江、庐陵，然深险之地，犹未尽从，流寓之士，皆以安危去就

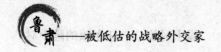

为意，未有君臣之固。"

孙策之前只是占领了大的郡县以及交通线，对江东的控制相当薄弱。

重点是后面那句，"流寓之士，皆以安危去就为意，未有君臣之固"。很多人已经准备另投他处！这里面就包括鲁肃。江东本地士族，因为家在这里走不得，而从江北流亡来的士人就没有这方面的顾虑，想走就走。

鲁肃就是想走的人，原因也很现实，过得不如意。

从建安三年（198）追随周瑜渡江南下到建安五年（200）见到孙权提出著名的榻上对策之前，应该是鲁肃此生最灰暗的一个时期，在孙策攻城略地最为繁忙的时候，周瑜作为孙策的发小随之南征北战，建功立业的同时还抱得美人归，好不得意。但同一时期，鲁肃则几乎从史料上消失，不见他有何活动。当他再次出现时，就是他有意另谋出路的记载。

鲁肃的朋友刘晔大概是听说了其在江东的遭遇便写信给鲁肃，劝其投奔在巢湖一带割据的郑宝。鲁肃颇为心动。

鲁肃随周瑜渡江后将家眷安排在曲阿，但他的祖母因为年事已高行动不便就留在东城，未随鲁肃一同前往。

刘晔写信时，鲁肃的祖母刚刚去世，鲁肃回乡为祖母安葬。刘晔得知鲁肃人在东城，于是便劝鲁肃去投郑宝。鲁肃这两年在江东郁郁不得志，客居异乡又不被重用，久居思归，也想回乡发展，总比待在江东要强。

鲁肃从东城返回江东，准备去曲阿接家眷一起回乡。可是，他晚了一步。周瑜已经先于他将其家人接到吴郡。鲁肃只好赶往吴郡面见周瑜。

鲁肃为人正直慷慨、光明磊落，不会做那些令人不齿的龌龊勾当，也不隐瞒，当即将自己准备北上投奔郑宝的事对周瑜和盘托出。周瑜自知有愧，这两年对鲁肃失于照顾。

但周瑜仍极力劝说鲁肃留下。当时孙策已死，孙权全面接管大权正在吴郡。周瑜可能早已料到鲁肃有意北还，但他也很想留下鲁肃，才提前将鲁肃的家眷接来。

周瑜劝说鲁肃："当今主公亲近贤人，礼贤下士。如今正是攀龙附凤、大展宏图之时，不必在意他人之言。"经过周瑜的苦劝才将鲁肃安抚住。

周瑜当即向孙权极力推荐鲁肃。这才有鲁肃与孙权的卧榻对谈。

孙策在时，对江北流亡而来的士人可能存有偏见，所以与鲁肃有相同遭遇的还有很多，比较知名的就有诸葛亮的哥哥诸葛瑾。

说起来，诸葛瑾在江东的经历与鲁肃如出一辙。曹操与陶谦在徐州交兵，诸葛亮姐弟随叔父诸葛玄南下前往豫章躲避战乱后又辗转去荆州投奔刘表。诸葛瑾身为长兄留下照顾后母未一同南下。待战火四起，徐州难以立足，诸葛瑾才渡江南下来到江东。

孙策时期，诸葛瑾也是周游各地与士大夫交友，但多年未见任用。孙策死后，诸葛瑾受到孙权姐姐的女婿弘咨的赏识被推荐给孙权。

当时，孙权正是用人之际，求贤若渴，再者，周瑜、弘咨都是亲近重臣，他们的面子，孙权不能不给。于是，便有了孙权与北来士人的见面会，这不是一次普通的茶话会，而是双方都期待已久的招聘会。

因为双方对这次会面都抱有很大期待。鲁肃、诸葛瑾背井离乡来到江东，人地两生，他们缺乏江东士族深厚的家族背景与广泛的人脉，却比本地士人更渴望建功立业出人头地。

而相比树大根深的江东大族，孙权对形单影只、茕茕子立的北来士子更有好感，因为他们缺乏根基更容易对孙权政权形成依附关系，也更容易控制，相对江东士人，他们的忠诚度反而更高。

对鲁肃、诸葛瑾等北来士人而言，这是他们期盼已久的入仕机会，为了这一天他们已经等待了很多年。他们都有好多话想对他们未来的主公说，他们的满腹经纶需要在此时展现，他们的远大抱负需要在江东施展。而只有孙权才能满足他们的愿望。

其实，鲁肃、诸葛瑾不知道，孙权想见他们的心情甚至比他们自己还要迫切，因为孙权急需建立属于自己的班底。

中国历代王朝都十分重视对帝国接班人的培养，因为这事关国本。从秦汉到隋唐再到宋元明清，几乎都是如此。

皇帝在位时都会早早选定接班人作为储君，这个人就是太子，通常都是由皇后所生的嫡长子担任。然后，皇帝会精心挑选太子师友，辅弼太子。教导太子读书的老师以及陪同太子读书的良家子弟就是太子班底的最早雏形即太子党。

作为接班人的太子必须要有自己的亲信班底组成的团队太子党，因为要为接班做准备。国家大事千头万绪，各个重要部门都要由信得过的心腹担任。太子不可能一个人去面对所有这些繁杂的事情，他必须要有帮手。他不可能孤军奋战，光杆司令是镇不住场子，稳不住基本盘的，所以，一个高效干练的团队对太子极为重要。

历代王朝，皇帝之所以早早选定接班人，一方面是为避免诸子争位骨肉相残的悲剧，另一方面也是因为对接班人储君的培养不是一朝一夕的事情，需要漫长的时间去积淀。

同理，太子的团队，太子党也需要时间去组建，太子党的成员也需要时间去培养与太子的感情从而建立忠诚度，成员之间也需要时间建立信任。

太子以及他的团队也都需要进行长期的政治历练以适应未来复杂的政治斗争，形成强大的政治能力，才能居于主动。

但是孙权在接班之前，从未被当作接班人培养过，孙策是突然被刺杀的，孙权也是突然被指定接班的，整个过程都很突然，很匆忙。

好在张昭有威望，稳得住局面，周瑜带兵回来得够及时，孙权的举动也超出众人预期，表现出超出年龄的成熟，江东才未发生大的动乱，孙权才能顺利平稳接班。虽然孙权在15岁时就当过县长，但他接班时也不过才19岁，而且相对于他即将管理的江东六郡，县长的经历显然是远远不够的。他缺乏政治历练的过程，当然好在他本人的政治素质过硬，才能应付过来，抗住了初期的艰难岁月。

但孙权既然未被当作接班人，孙策自然也不会给孙权建立相应的政治团队作为工作班底。

孙策在死前指定张昭与周瑜一文一武辅佐孙权。

张昭是孙策的首席谋士也是最受孙策信任的文官，在孙策的政治班底里，张昭担任的是萧何的角色。

周瑜是孙策的发小也是创业时一起冲锋陷阵的战友，孙策能顺利过江打下六郡，周瑜的功劳很大。在孙策的班底里，周瑜就是孙策的灌婴。

张昭与周瑜是孙策的亲信。

但是，孙策的亲信不等于孙权的亲信。

这二者之间是存在本质区别的。一朝天子一朝臣。这是政治传统。

虽然孙权很信任张昭跟周瑜，对他们也很尊敬，但他们毕竟属于"前朝老臣"，孙权对他们既敬又畏，相信他们的能力，也不怀疑他们的忠诚，但就是不那么贴心。

任何领导对前任的心腹都会有所保留，孙权现在确实需要张昭跟周瑜，也离不开他们的辅佐，但孙权在他未来的规划里必然要用自己人。

这个自己人是自己提拔的人。

孙权需要属于他自己的班底，这个班子成员，不是别人指定的而必须是他本人挑选的、经过考验的、信得过的人。

张昭跟周瑜还有一个很大的缺点，那就是他们的政治资历过深。

大家都知道，官场之上讲究论资排辈，特别重视资历，但是有时候也会有反效果。

大多数领导都不喜欢能力又强，又比自己资历更深的下属。

蜀汉丞相诸葛亮去世后，曾经被贬黜的李严跟廖立都不约而同地发出感叹，他们再不会有回朝为官的机会了。

因为诸葛亮为政，有功之人虽仇必赏，有罪之人，虽亲必戮。

李严、廖立虽然有错，但他们知道只要丞相在，他们就有将功补过的机会。后来的人不会有丞相的胸怀，更不会用官场资历比他们更资深的老臣。

张昭跟周瑜的缺点就是他们的政治资历太深，甚至是指定的辅政大臣。孙权面对他们时难免会有压迫感，不是那么自在。

资历深，放在官场上，在大多数情况下，那是优势，论资排辈的话，进步更快。但在新主即位后，优势反而会变成劣势。

相比有资历的老臣，孙权更喜欢用由他亲自提拔、能力很强但政治资历更浅的新人。这些人对孙权的依附更强、更听话，孙权用起来也更随心所欲。鲁肃跟诸葛瑾就是符合条件的新人，两人后来也深受孙权重用。

会见如期举行，孙权接见了众多宾客，这些人中的大部分都是北来士人。

孙权在进行例行寒暄后，众宾便陆续退场，因为这只是初期接触，未来还要做深入考察，如此短暂的会面也只是先认识一下，混个脸熟。

在众人告辞而去后，宾客里只有鲁肃留了下来，这是孙权事前做的安排，因为他要单独召见鲁肃做深入的详谈。

孙权为何如此看重鲁肃呢？因为鲁肃的举荐人是周瑜。孙权自然要另眼相看。话说回来，他能坐上如今的位置还是靠周瑜。对周瑜推荐的人，孙权怎么敢不重视。

更何况，周瑜是何等人，出身名门，江东文武望尘莫及，才略更是胜出众人一筹，在江东居众将之首。孙权对周瑜感激之外也很敬服。周瑜的水平很高，能入他眼，被他推荐的人自然不是等闲之辈。孙权相信周瑜，更相信周瑜的眼光。

三国时代还未出现科举制等通过考试选拔人才的一整套制度。

古代中国的选官大致经历过三个时期，即秦汉之前的世官制，两汉的察举制以及隋唐以后的科举制。

世官制也就是众所周知的世卿世禄，官员的选拔被限制在上层贵族之内，普通的平民百姓几乎没有做官的机会，只能为吏。但从战国时起，这个制度受到很大冲击，各国之间为变法图强，对选官用人都不同程度地放宽，只要有贵族官员担保举荐，平民百姓也有机会入仕做官，这就是两汉魏晋察举制的雏形。

两汉魏晋以后，察举制成为主要的选官制度。士人通过举荐入仕是主流途径。曹操的第一个官职——洛阳北部尉就是司马懿的父亲司马防推荐的。周瑜推荐鲁肃也是这个模式。直到隋唐时期，科举制才成为选拔人才的主要形式。

察举制下，举荐人对被其举荐者负有连带责任，如果被举荐人出现过失甚至犯罪，举荐人也是要受连坐的。

当然，江东这种草创政权还不具备形成体系的制度以及执行制度的能力。即使周瑜推荐的人出现问题，孙权也不可能真的去问责周瑜。

但周瑜也是要脸面的，他对要推荐的人自然要仔细考察、慎重考虑。孙权出于对周瑜的信任，才决定优先会见鲁肃。

29 岁的鲁肃来江东三年后终于见到了江东实际上的当权者、年仅 19 岁的孙权。

孙权与鲁肃合榻对饮："今汉室倾危，孤思有桓、文之功，君何以佐之？"

孙权说如今汉室衰微，我想像当年齐桓公、晋文公辅弼周天子那般匡扶汉朝，您有何良策辅佐我吗？

鲁肃："昔高帝欲尊事义帝而不获者，以项羽为害也。今之曹操，犹昔项羽，将军何由得为桓、文乎！肃窃料之，汉室不可复兴，曹操不可卒除，为将军计，惟有鼎足江东以观天下之衅耳。何者？北方多务也。因其多务，剿除黄祖，进伐刘表，竟长江所极，据而有之，然后建号帝王以图天下，此高帝之业也。"

鲁肃说当年汉高祖刘邦也想尊奉楚怀王，可是有项羽在，他做不到啊。现在的曹操就是当年的项羽，有曹操在，您是做不成齐桓公、晋文公的。以鲁肃的愚见，汉朝不可复兴。曹操在官渡大胜袁绍，实力正强，想除掉他，目前也是做不到的，为将军考虑，最好的办法就是据守江东，待天下有衅，再图进取。鲁肃的言下之意，北方袁曹争霸，那是强强对抗，以咱们的这点儿体量就别去掺和了，老老实实在江东发展吧。眼下最现实的是，先西进消灭黄祖，再寻机讨伐刘表，夺取荆州，全据长江之险，然后以此称王称帝。

鲁肃说了那么多，最能打动孙权的是那句"建号帝王以图天下"！

孙权："今尽力一方，冀以辅汉耳，此言非所及也。"

孙权说，我只是汉朝的一个将军，只想做好分内之事，别的事情我想都不敢想，您说的不是我能做的。

孙权这话表面听起来是否定，其实心里面是极度肯定。鲁肃的话算是说到孙权的心坎儿里去了。

但孙权说的非他所及也不完全是假话，因为孙权建号帝王的目标，整整用了三十年才实现。那时，鲁肃都已死十多年了。

鲁肃与孙权的这番谈话就是被很多人称之为东吴版隆中对的卧榻对策。

孙权开始还在打官腔，说的都是一些政治正确的场面话，这种话放在任何场景都叫人挑不出毛病。这也正是孙权的老辣之处，虽然他还不到 20 岁，但已经是一个成熟的政治老油条。

但鲁肃的话风与孙权明显不同，极其坦诚也极为务实，上来就是猛料，说的都是干货。鲁肃开篇就说孙权做不成齐桓晋文，说这不是您能力的问题而是条件不允许。

鲁肃说，曹操我们干不掉，北方的事情也轮不到我们插手，那是人家袁绍跟曹操的强强对决，以江东的实力只能作壁上观，千万不要下场参与，否则会被揍得很惨。我们要从实际出发，您跟我都不是做梦的人，咱们还是要踏实一点，先守住江东，再找机会西进，干掉黄祖，为您报杀父之仇。如果条件允许，那就将荆州也一口吞下，将长江之险完全掌握在自己手里，然后以江东为根基，建号称帝。

孙权与鲁肃都是聪明人，他们的想法高度一致，话风却迥然不同，这才是正常的对话模式。因为他们的思想相近，但身份不同。

不同的身份决定了不同的话风。身为江东之主又是名义上的汉朝臣子，孙权必须要打官腔，这是由他的地位身份决定的。但鲁肃必须务实，他是来面试找工作的，他必须在有限的时间用话语打动对方赢得机会。

领导都是很忙的，虽然他们可以打官腔，但身为下属汇报工作必须高效简洁，尽量节省领导的时间。领导是没有时间听下属说一些政治正确的片儿汤话的，他要听的就是你的实话，听能代表你水平的真话。

因为必须要明确关系，是你的领导在考察你，而不是你考察领导。

在这场卧榻对策中，孙权就是考察应聘者的领导，鲁肃就是被面试接受考察的应聘者。鲁肃必须尽可能地用最少的时间、最干练的语言将自己的想法用高度凝练的话语表达出来，以争取孙权的聘用。

对孙权而言，这是一次相对比较重要的私人谈话，但对鲁肃是改变自己命运的一次宝贵机会。

从谈话的内容能看出，鲁肃明显比孙权更激动，几乎是将毕生所学所知和盘托出，而孙权尽管内心对鲁肃十分满意，对鲁肃的话高度认可，但是表面上仍是波澜不惊，从容淡然，表现出了一个成熟政治家应有的沉稳。

一个人在此生数十年的人生旅途中改变命运的机会其实并不多。对鲁肃而言也是，改变他命运的机会只有三次，而这三次机会，鲁肃都抓住了。

第一次是与周瑜的相识，指困相赠，将危机变成机遇，成功与庐江周瑜定交。鲁肃的应变机敏、慷慨豪侠行为深深打动了周瑜。

第二次是在周瑜的推荐下，与孙权的卧榻对策。鲁肃的远见卓识给孙权留下了难以忘怀的深刻印象。三十年后，孙权称帝时还念念不忘，对周围人说，你们知道吗？三十年前，鲁肃就预料到我会有今天，鲁肃真是一个有远见识大体的人啊！孙权对当年鲁肃的宏远规划始终心存感激。

第三次是鲁肃在刘表病亡、曹操南下、刘备南撤之际主动请缨出使荆州。这次出使的意义相当之重大，不仅改变了鲁肃的命运，还彻底确立了他在江东的政治地位，而且促成了刘备与孙权两大军事集团的联盟，间接确定了三足鼎立的历史格局。

鲁肃的榻上对策对时局的分析相当大胆，他是第一个提出汉室不可复兴的人。鲁肃说的这个汉室是汉献帝在许都的那个汉朝。

刘备、诸葛亮为之奋斗的是以刘备为主的新的汉室。

鲁肃的言论在当时是相当反动的，虽然汉献帝已经被曹操所控制，东汉名存实亡，但这个名还在，更重要的是，天下人还认，曹操也不敢公然篡汉。

孙权此时还是汉朝的讨虏将军领会稽太守。如果孙权真的心存汉室，在鲁肃说出汉室不可复兴，劝他保据江东建号帝王以图天下之时，身为汉朝臣子的孙权就应该立即将鲁肃绑缚推出斩首。这类反动言论，在任何朝代都是死罪。可是，孙权不仅不责怪，还对鲁肃非常欣赏，说明孙权也早已不是汉臣，只是割据一方的军阀罢了。

经过这次榻上对策，孙权对鲁肃刮目相看，从此将鲁肃视为心腹、自己人。

因为孙权很明白，鲁肃跟他是一类人。至于原因，在开篇已经说过，他们的出身、性格乃至兴趣爱好都很相似。

但江东文官之首的张昭却很反感鲁肃，认为此人年少轻狂。以鲁肃对孙权说的那些话，确实也配得上轻狂的评价。

孙权应该是很想重用鲁肃的，但由于张昭等人的反对，不得不推迟对鲁肃的任用。而且，鲁肃的建议虽好，但对眼下的局势帮助不大，不具备现实的可行性。

此时的孙权不要说建号帝王、西取荆州，能不能保住江东、坐稳现在这个位置都很难说。

孙权之所以后来对鲁肃那么器重、那么信任，有一个被很多人忽略的重要因素，就是鲁肃对他的认可。当时很多人都不看好还是小孩儿的孙权，因为他接班的那年只有19岁，尚未举行冠礼，在古人看来还未成年。这里面的很多人也包括孙氏的旧部甚至孙氏宗亲。

第一个跳出来反对孙权的是庐江太守李术。此人的经历缺乏记载，但大概率是孙坚旧部，不然，当初孙策不会把这么重要的岗位交给他。当年孙策为这个庐江太守可是整整苦战一年，流血流汗，不惜与江东豪族陆氏反目，结果被袁术忽悠，到底也未当上庐江太守。

孙策能将庐江交给李术足以说明他对李术的信任。但李术是怎么"报答"孙策的呢？背叛。

孙策死后，李术算是脱离了组织，对孙权的各项指令一律不理不睬，一点儿也不把孙权当盘菜，还公然招降纳叛，凡是反对孙氏政权的，他都欢迎，来者不拒。很快，庐江成了孙氏反对派

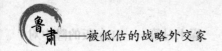

的大本营。

孙权知道对李术这种明目张胆的挑衅必须给予最严厉的打击。如果不严惩李术，很快就会出现第二个、第三个，对李术的惩罚必须从重从快，才能达到杀一儆百的效果。孙权也正好可以用李术的脑袋树立自己的权威。

之前，李术曾攻杀曹操册命的扬州刺史严象，算是把曹操给得罪了。如今李术又反叛孙权，与孙权唱对台戏，江淮间的两大势力都被他得罪了，李术不留退路的作死行为最终也让他达成求死的目的。

为预防万一，孙权在出兵前特意写信给曹操将李术杀害严象的事件讲述了一遍，大概是怕曹操忘记，提醒一下曹操，让曹操加深印象。因为孙权很清楚，一旦发兵，李术必然会向曹操求救，孙权这是提前给曹操打预防针，以免曹操被李术的言辞迷惑。

做好准备工作后，孙权随即出兵攻打庐江。李术果然向曹操求救，但曹操因为之前看过孙权的书信，对李术的求援不予理睬，任由孙权行动。

尽管曹操对孙权围攻庐江采取旁观的态度，但庐江易守难攻，当年孙策也用了一年才攻下，孙权于是采取围而不攻的办法，反正李术没有外援，想围多久就围多久，在长期围困下，庐江粮尽力竭被吴军攻破，李术被生擒活捉。孙权下令将李术斩首示众。斩杀李术是孙权接过父兄之位后的第一次用兵，也算旗开得胜。孙权用李术的人头告诉所有人，这就是背叛他的下场。

有对比才有伤害。

有对比才知道珍惜。

孙权刚刚即位，面对的是众多的质疑，还有看不见却能感受到的轻视，李术只是其中的一个代表，很多人虽未出声，但内心所想与李术恐怕也是如出一辙。

20岁的孙权正是一个男人最需要肯定、最渴望获得认可的年纪。

然而，在孙氏内部还是有很多人轻视孙权，企图在孙策意外身亡、孙权匆忙上位之际趁机作乱，浑水摸鱼。孙氏宗族势力强大，在孙策征战江东时，宗族势力曾经助孙策一臂之力，但强大的宗族势力也是一把双刃剑，在主少国疑时，这把剑控制不好可能就会砍向孙策的接班人孙权。

孙氏宗族里率先作乱的是孙暠，他是孙坚弟弟孙静的长子。

孙策南下江东时，孙静曾率宗族武装进攻会稽立下大功。但在孙策夺取六郡后，孙静选择功成身退。但孙暠与他父亲正好相反，当他听到孙策的死讯后，准备起兵南下夺取会稽。时任富春县长的虞翻听说后冒险拦阻，说吴郡与会稽郡都已做好准备，你现在出兵，不但达不到目的还会自投罗网，束手就擒还能保住性命。孙暠只得乖乖投降。

但是一波未平一波又起，孙贲的弟弟庐陵太守孙辅也对孙权缺乏信心，趁孙权东巡会稽的时候派人过江联络曹操，但孙辅派去的人被抓获，在其身上还搜出了孙辅写给曹操的书信。人赃俱获，证据确凿，孙辅只能低头认罪。

事情还远未结束。建安九年（204），孙权的亲弟弟丹阳太守孙翊被部下暗杀。

赤壁之战前，豫章太守孙贲也向曹操"暗送秋波"，被孙权发现后将其罢免。此时距孙权掌权已经过去八年，孙氏宗亲还有人发生动摇，由此可知，孙权面对的形势有多险恶。

当时孙权一共只有六个郡，庐江叛乱、庐陵投敌、丹阳叛变、豫章通敌，六个郡里乱了四个。当时的江东局势用危机四伏来形容一点儿都不过分。

当 19 岁的孙权被几乎整个上层怀疑能力的时候，29 岁的鲁肃对孙权说，你行的，我看好你。

在十分艰难的时期，宗亲旧部乱象频出之际，内外交困的孙权获得了来自鲁肃的宝贵支持，孙权的那份感动虽未说出口却铭记在心。

孙权就像今天的一些人，不管是受到感动还是感到委屈，乃至喜悦、愤怒都会记在小本本上，日后，有恩的报答，有仇的报复。

初掌政权，鲁肃卧榻对策劝孙权建号帝王，十年后，孙权让鲁肃接替周瑜统率江东兵马。赤壁之战前，张昭劝孙权迎降曹操，二十年后，孙权称帝当众羞辱张昭。

孙权就是一个有恩必酬、有仇必报的君主。

实际上，直到赤壁之战前，孙权长期都要看张昭等人的脸色，在重大人事任命上都不能完全做主。

尽管，孙权十分想重用鲁肃，但因张昭的反对，孙权又不想与张昭正面冲突，只能委屈鲁肃长期以宾客的身份为他做事，为了补偿鲁肃，孙权对鲁肃的赏赐从来都特别的优厚。

孙权深知想要获得江东文武的认可必须做出成绩，要用胜利去回应质疑，只有拿出能说服众人的战绩，才能真正成为江东之主。

孙权在平稳局势后，立即将目标指向江夏黄祖，诛杀黄祖是他必须完成的任务。从私人层面说，杀父之仇不共戴天。从江东的发展看，夺取荆州全据长江之险才能确保上游安全。

赤壁之战前，江东孙氏与荆州刘表一直都是死敌，相反，他们与北方曹操的关系相当不错，自从孙策与袁术决裂后，曹操与孙策就越走越近，为了巩固双方的合作关系，他们甚至进行了政治联姻。因为他们有着共同的敌人刘表。

曹操也非常讨厌甚至痛恨刘表。长期以来，在曹操的黑名单里排第一的是袁绍，排第二的就是刘表。要不是曹操需要对付袁绍，分身乏术，恐怕早就南下来揍刘表了。即便如此，曹操也经常在与袁绍的对抗中抽出时间来南方"修理"刘表。

对于孙氏兄弟，刘表就更是必须讨伐的敌人。孙氏在江东站稳脚跟后，孙氏的目标就是西面的荆州，从孙策到孙权一直都在往西打，孙策在建安四年（199）的沙羡之战中重创黄祖，之后，孙权上位接着打，到赤壁之战前，孙权三征黄祖，直到建安十三年（208）年初终于斩杀黄祖，得报父仇。而江东势力也趁机进入荆州，占领江夏、长沙两郡的部分地盘。

在曹操忙于统一北方的时候，南方的孙权在加班加点地痛扁令曹操痛恨的刘表。敌人的敌人就是朋友，所以，那些年曹操与孙权才是亲密的战友。

但随着北方战事的结束，曹操也将他的兴趣点南移，他终于有时间收拾黑名单上的二号人物刘表了。

曹操想打刘表，但他更想要荆州。

孙权想杀刘表，但他也想要荆州。

因为共同的敌人刘表，曹操与孙权成为战友。

因为都想占有荆州，他们反目成仇，成为敌人。

朋友还是敌人，取决于利益。

刘表其实一直都是和平主义者，只想守着荆州的地盘，过老婆孩子热炕头的滋润的小日子。身为文人的他讨厌打打杀杀，但处于乱世，他终究还是躲不掉。

刘表面临北面曹操与东面孙权的双重威胁。这两人都不是好对付的角色，必须要有猛人才顶得住。刘表的运气还不错，在北面，他找到了合作伙伴张绣，替他镇守宛城挡住曹操。在东面，他找到了合作伙伴黄祖为他坐镇江夏抵挡孙权。

官渡之战前，张绣反水投了曹操，宛城也归了曹操。好在又来了刘备。刘表将刘备安排在新野为他抵御曹操。

赤壁之战前，黄祖被孙权干掉，孙权虽然有野心，但以他当时的实力还拿不下整个荆州，占了点儿地方就退了回去。孙权退是退了，但也没走远，他将大本营设在与荆州、江夏近在咫尺的豫章郡的柴桑，孙权的意图再明显不过，还在打荆州的主意。

江夏需要有人补防，但大家都不愿去，黄祖才死不久，孙权早晚还会打过来，岗位有风险，刘表的帐下能担当的人也不多。

刘表犯难的时候，儿子刘琦挺身而出主动要求去前线，自告奋勇去守江夏。刘表当然是很感动，关键时刻，还是儿子靠得住，打虎亲兄弟，上阵父子兵。刘表当即任命刘琦为江夏太守，立即走马上任。

刘琦主动请缨外调其实另有原因，怕遭后母毒手。建安十三年（208）刘表抱病在身，很可能吃不到当年的新麦了。这就关系到接班的事儿，刘表有两个儿子，长子刘琦、幼子刘琮。因为刘琮娶了刘表后妻蔡氏的娘家侄女，蔡氏自然要支持刘琮上位，便不停地向刘表吹枕头风。荆州蔡氏也是当地大族，刘表能在荆州坐稳位置也是靠荆州各大家族的支持。蔡氏的弟弟蔡瑁还掌握荆州兵权。在夺位之争中，长子刘琦明显处于下风。政治斗争向来是血腥的，如果失败丢掉的可不只是位置，连性命恐怕也难以保全。

刘琦为此整日坐卧不宁。这时，住在新野的刘备已经三顾茅庐请到诸葛亮出山辅佐自己。

刘琦早就听说诸葛亮足智多谋，于是就向诸葛亮请教对策。诸葛亮对刘琦讲述春秋时晋国太子申生留在国都被陷害致死，公子重耳逃亡在外得以避祸的故事。刘琦大受启发，正巧这时黄祖被杀，刘琦主动申请去江夏，安全脱身。数月之后，曹操南下荆州，刘备匆忙南撤，江夏成为刘备、诸葛亮在赤壁之战时的大本营。

刘备是与孙权的父亲孙坚同时代的人，都是在黄巾之乱中，靠战功起家。但刘备的经历更为坎坷。他本来是汉室宗亲，但到他这代，家世衰落，父亲早亡。刘备为补贴家用从小与母亲靠织席贩履谋生，生活相当之艰苦。

幸好刘备被族中长辈看中送他读书，刘备得以拜大儒卢植为师，读书期间认识了年长于他的师兄公孙瓒。后来，刘备因为鞭打督邮丢官惹祸而投奔师兄，为公孙瓒征战青州，官位从平原令升到平原相。

曹操与陶谦在徐州大战，公孙瓒应陶谦之请，派刘备救援陶谦。曹操退兵后，陶谦将刘备留下来，推荐刘备做豫州刺史，给刘备增兵。陶谦死后，刘备在各方势力的拥护下入主徐州。之后，刘备经历了与吕布、袁术的复杂斗争，又与曹操共同度过青梅煮酒论英雄的许都岁月，最后还是因为争夺徐州兵戎相见。刘备在战败后投奔袁绍，在随后发生的官渡之战中，刘备又再度南下，在曹操的后方作战策应袁绍。但袁绍还是打输了。

官渡之战后，中原已是曹操的天下，刘备只能到南方投奔刘表。在荆州，刘备遇到诸葛亮才赢来人生的转机。到建安十三年（208），刘备在荆州已经待了八年。此时的刘备不会想到，改变他命运的战争即将到来。

出使荆州

——改变命运的外交访问

建安十三年（208）七月，曹操率军南下荆州进攻刘表。

为了这一天，曹操已经等了很多年。刘表在黑名单上待得够久了。曹操决定亲自解决这个困扰他多年的对手。但可惜，曹操还是晚了一步，刘表没有给曹操机会。八月，曹操还在南征荆州的路上，刘表已在襄阳病亡。

但这种结果对曹操而言也未必是坏事。建安十三年（208）的秋天，秋高气爽，曹操的心情好得不得了。

此时曹操的身份已经是当朝丞相。就在上个月，曹操恢复了东汉的丞相制度，并由他本人亲自担任。自己设计官制，然后自己任命自己，只不过中途找汉献帝盖了个章，履行一下手续而已。这个风格很曹操。

去年，曹操彻底扫清河北袁氏势力，将整个中原纳入他的版图。今年又荣升丞相，起兵二十年，曹操终于走上人生巅峰。

以曹操的个性不嘚瑟一下是说不过去的。用一位知名学者的话说，曹操一得意，他的尾巴翘起来就能直接当旗杆。

但是曹操大概忘记了一个词：乐极生悲。

春风得意马蹄疾，曹操一路狂飙，一眨眼的工夫已经突进到了宛城。这里早就是他的地盘了。

宛城是荆州南阳郡的郡治所在，原本隶属于荆州归刘表管，但因负责人张绣在八年前投降，所以宛城早就归了曹操。

刘表在时，荆州的北面与东面防线就已经到处漏风了。

张绣宛城投敌，刘表只能将防线南移到新野，将北防曹操的重任交给了刘备。黄祖被杀后，孙权也占据了江夏的部分地盘。刘琦去江夏是补防，但他不会为刘琮卖命，只会为自己守江夏。

刘琦去江夏虽然躲过后母蔡氏的迫害，但也等于同时放弃了对荆州牧的争夺。

刘琮顺利接班，但他还来不及高兴，曹操的大军已经开进荆州。

刘琮当然知道曹操是冲自己来的，当即召集文武商议对策，他的想法是让大家献计献策，讨论如何抵抗曹操。

但会议开始后，很快就偏离了主题，众人讨论的不是如何抵抗而是怎么投降。刘琮眼看风向不对，想要纠正，却没人愿意理他。

刘琮被逼急了。他刚想训斥这些吃里扒外的投降派，想不到人家却先教育起他来，且说得振振有词。章陵太守蒯越、东曹掾傅巽劝刘琮降曹说："逆顺有大体，强弱有定势。以人臣而拒人主，逆道也；以新造之楚而御中国，必危也。"

刘琮也算是大开眼界，投降还这么理直气壮的，还真是不多见。

这些投降派之所以敢这么嚣张，在刘琮面前大谈特谈他们的投降理论，就是因为他们知道刘琮不敢把他们如何。因为他们都是地方豪族，当初刘表能在荆州立足靠的也是这些豪族的支持。刘表不过是荆州豪族选中的维护他们利益的代表。当刘表能保护他们的利益时，他们就选择支持刘表；当刘琮不能维护他们的利益时，他们就选择抛弃刘琮。

刘表是被荆州地方豪族迎进荆州的。孙策进江东是自己打进来的。刘表对地方豪族是讨好顺从；孙策对地方豪族是血腥镇压。两种不同的态度，得到的是两种截然不同的结果。

刘表开局顺利，大家和和气气，但是基础不牢，他也分不清谁是真心谁是假意，真遇上大事，往往禁不起考验。

孙策开局是血雨腥风，打打杀杀，但是基础牢固，关键岗位上都是宗亲旧部。遇上难关，才会有周瑜、鲁肃这种铁杆支持者不顾生死往上冲。

尽管如此，孙权上台后也经历过江东六郡叛乱有四的艰难局面，旧部宗亲中的不坚定者都是慢慢被清洗的。直到赤壁之战前，孙权才算坐稳位置。

刘琮从未经历过这些，他在荆州的基础自然是不稳的，被拆台也就在情理之中了。这些荆州豪族只关心自己家族的利益，不会去管刘琮的死活，刘琮才会遇到如此尴尬的局面。

刘表其实是幸运的——及时死去，不然的话，受辱的人就是他。

刘表当年做得不彻底，豪强们才会当面拆刘琮的台，父债子偿。

但是，刘琮不甘心啊，刚上台就投降，怎么说也说不过去。而且，他还有一个指望。

投降派们当然知道刘琮的心思，此时刘琮能依靠的还有驻防樊城的刘备。

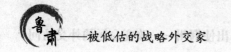

为了让刘琮彻底放弃抵抗，甘心投降，他们决定攻破刘琮的最后一道心理防线。

他们知道刘琮想靠刘备抵挡曹操。

于是这些人说，将军自以为比刘备如何？刘琮想了想说，不如。这些人得意了。

他们说，如果刘备挡不住曹操，荆州肯定守不住。如果刘备能挡住曹操，那么他还愿意做将军您的部下吗？看似在问，其实不用回答。大家对结果都心知肚明。

曹操南下，刘备在樊城，不管刘琮是抵抗还是投降都已不关他的事了。这场战争实际上已经变成曹操与刘备的战争。曹操打赢，荆州是曹操的。刘备打赢，荆州是刘备的。

刘琮想想也是这个道理，既然打输打赢他都要出局，那还不如趁现在有兵有将有地盘，主动去找曹操投降，还能争取卖个好价钱。

刘琮决定投降，但这事儿还必须瞒着刘备，因为曹操与刘备的关系大家都知道。刘琮害怕刘备得知消息会来兴师问罪。曹操还在新野，可是刘备就在与襄阳一水之隔的樊城。

刘琮派人去新野洽降，全程都背着刘备。刘琮这事儿干得相当不地道，这是要害刘备呀。

刘琮其实是以小人之心度君子之腹。刘备是仁义君子坦坦荡荡，不会做伤害刘琮的事情。刘备是懂得感恩的人，当年他穷困来投，是刘表接纳的他，这份情刘备始终记得。

刘琮只要如实相告，刘备只会撤走，不会为难这个大侄子。

建安十三年（208）九月，曹操刚到新野，就收到了刘琮派人送来的降表，曹操心情大好，当即允其所请。

刘琮办好投降手续，曹军也已近在眼前，这时他才觉得应该知会刘备一声，便派人告知刘备荆州已经降曹。

刘备得知真相后，先是震惊，然后便是不可抑制的愤怒，这么大的事情，刘琮竟然瞒着自己，大祸临头才来告知，未免也太不地道了。

刘备当即拔刀要砍了使者，但是稍稍冷静一下，又想事已至此，就是杀了使者也于事无补，反而会与刘琮撕破脸，尽管现在刘备也不在乎与刘琮闹翻，但做事还是留有一点儿余地的好。

这时，刘备除了撤退，也没有更好的办法，当即组织军民南撤。

刘备在荆州多年，深得人心，听闻刘备要南撤，百姓扶老携

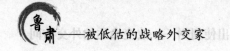

幼自愿追随刘备。

刘备仁义远播四方，而与此同时，曹操的凶暴也是尽人皆知，十几年前在徐州的大屠杀让曹操声名狼藉。一个是仁义之君，一个是屠夫国贼，是个人都知道怎么选。

刘备率军民渡过汉水，路过襄阳时在城下招呼刘琮，可是刘琮不敢露面。刘备也是拿这个不争气的大侄子没辙，只能继续南撤。这时，刘琮手下不愿降曹的文武将吏纷纷出城追随刘备也加入撤退大军。

走到当阳时，军民已有十余万人，辎重数千辆。但人多了，军民混杂，老幼同行，速度自然就慢下来了，日行仅十余里。刘备派关羽率水军乘船数百艘走水路先行，自己率大部队缓慢跟进，约定在江陵会合。

这时，有人对刘备说，眼下最要紧的是尽快南下抢占江陵，现在军民虽多，但披甲的战士太少，一旦被曹操的追兵追上，后果不堪设想，不如放下百姓，率军先行。

刘备说："成大事必以人为本，如今百姓愿意跟随我，如何能只顾自己抛下他们不管呢！"

刘备走得很慢，但曹操跑得飞快。

曹操赶到襄阳时刘备已经走很久了。曹操想都不用想就知道刘备要往哪撤：江陵。为了追击刘备，曹操抛下辎重留下步兵，只带五千名骑兵，风驰电掣向南追去。

刘备带着十余万军民日行十余里。

曹操率骑兵一日一夜奔袭300里。

双方的速度相差悬殊，这还有个追不上？

不出预料，曹操在当阳长坂追上了缓缓前行的刘备。过程就不说了，直接说结果吧。刘备大败。虽然刘备这一生经常打败仗，但这一次是败得最惨的一次。

刘备只带着诸葛亮、张飞、赵云等几十人突围而出。其实，他本可以不这么狼狈的。以往刘备即使战败也能全身而退，刘备撤退的速度，懂的都懂，只要他想撤，追的人连他的背影都看不到。只有这次不同，因为刘备撤退时带上了老百姓。他当然知道这些百姓会拖累他，影响他的撤退速度，但他依然带上百姓一起走。刘备的以人为本不是随便说说，他是真的这么做的。

当阳之败，军民逃散，辎重尽失，更重要的是，江陵也去不成了。

刘备四顾茫然，天下之大，哪里才是他的容身之所？失意，迷茫，伤感，焦虑，此时此刻，刘备的心中五味杂陈，他不知前方的路要怎么走。就在这时，他遇到了一个人，一个改变他命运，甚至改变时局走向的人——鲁肃。

事实上，江东君臣一直密切关注着荆州局势，当他们听说曹操南下，刘表病亡，知道荆州即将发生重大变化。他们急需知道荆州的最新情况以便及时做出应对，采取行动。但因双方一直都是敌对关系，江东方面获取情报的渠道有限。

孙权对荆州觊觎已久，志在必得，只是苦于不知如何与荆州方面取得联系。

这时鲁肃自告奋勇愿意前往荆州，去履行他当年的榻上对策。

鲁肃对孙权说："荆州与江东山水相连，江山险固，沃野万里，士民殷富，若据而有之，此帝王之资也。今刘表新亡，二子不协，军中诸将，各有彼此。刘备天下枭雄，与曹操有深仇大恨，寄寓荆州，刘表忌惮刘备的才能，对其防范猜忌，未能尽其才略。如果刘备与刘琦、刘琮兄弟彼此和睦，荆州上下同心，我们就应当与其结为盟好；如果他们彼此争斗，我们应见机行事。肃请奉命吊表二子，说服刘备与我们同心一意，共抗曹操，刘备势孤兵弱，必愿与我联合。只要荆州与江东联合，与中原鼎足而立，大事可成。今不速往，恐为曹操抢占先机。"

鲁肃自从提出著名的榻上对策后直到奉命出使荆州之前，整整八年的时间几乎从史书上消失。

又是一次漫长的磨炼与等待，也是鲁肃此生又一个低谷期，八年，鲁肃最好的八年岁月，也随着滚滚长江东去不复回。但鲁肃从未消沉，相反，他这八年过得很充实。

鲁肃在这八年里一直都在默默努力，而最好的证明就是他这次出色的外交行动。

鲁肃从未辜负岁月，而岁月自然也不会辜负他。鲁肃即将收获他八年来努力的成果——促成孙刘联盟。

从鲁肃与孙权的谈话中不难发现，鲁肃对荆州的局势洞若观火。鲁肃不仅知道刘表的两个儿子为争权夺位相互对立，更知道荆州内部已经形成分别以刘琦、刘琮为代表的相互敌对的两个阵营，而鲁肃早已对此做出应对，还提出了两套方案，即对方团结就争取，对方内斗就趁机抢地盘。

鲁肃还知道刘表对刘备并不信任，刘备在事实上一直被刘表猜忌防范甚至打压防备。而鲁肃更是敏锐地意识到，决定荆州未来走向的不是刘琦也不是刘琮，而是刘备。刘表两个儿子的平庸是人所共知的事实，而刘备的才干谋略也是世人皆知。

在江东群臣对荆州局势尚在冷漠观望之时，鲁肃就率先明确指出，江东与荆州的联合关键在于对刘备的争取。而鲁肃在尚未与刘备会面之前，就对刘备可能做出的反应以及心理预期做出了极为精准的预测。鲁肃认为在曹操大兵压境的形势下，刘备是十分愿意与江东联合的。后来事情的发展证明，鲁肃具有先见之明，尚未出发，就已经料到结果。

鲁肃在江东群臣中最早意识到，刘备才是抵抗曹操的主要力量，江东只有与刘备联合才能应付即将到来的曹操大军。

面对人生的低谷期，不同的人会做出不同的反应，有的人会消极，会沉沦，会自暴自弃，会就此退缩。但有的人会比之前更努力，更专注，沉默不一定是消沉，而是在悄悄努力。

鲁肃就是一个在沉默中奋发的人。别人会以为他白白虚度八年，但只有鲁肃自己知道，这八年他过得相当充实。

现在流行一句话，不要假装努力，因为结果不会陪你演戏。鲁肃就很懂这个道理，努力不是表演给别人看的，而是自己内在的提升。

从鲁肃在未来荆州之行与赤壁之战中的表现可以得出结论，鲁肃在八年的时间里成长得相当之快。这八年，他虽然从大众的视野里消失，但他从未闲着，而是以一种不惹人注意的方式在前进。

在成功之前，要保持低调，要学会适当地隐藏自己，在机会尚未出现之前，保持定力，不炫耀，不暴露，有充分把握之后再抓住机会，迅速出击，才有可能取得胜利。

鲁肃这八年的经历跟一个人很像，即刘备。

鲁肃被张昭打压。

刘备受刘表猜忌。

但他们从未在逆境中屈服，即使被打压、受猜忌依然努力前行。

春秋时期的霸主之一楚庄王就是这方面的典型代表。有一个成语"一鸣惊人"，说的就是他的故事。

很多故事都说楚庄王即位之初曾三年不理政事，左抱郑姬右拥越女，日夜纵酒享乐。其实，楚庄王不是在享乐，他那么做是不得已而为之。楚国大权长期掌握在若敖氏手中，楚庄王只是在隐忍，他在示弱于敌，等待时机。有大臣看不下去，又不便直谏，就以讲故事的方式进行劝谏，说大王您知道吗？我们楚国有一只大鸟，三年来不飞不鸣，您知道那是何种鸟吗？楚庄王当然明白这是在说自己，于是对这位大臣说，你等着看吧，此鸟不飞则已，一飞冲天；不鸣则已，一鸣惊人！

在忍耐三年后，楚庄王终于等到机会，夺回大权，再之后率楚军北上争霸，成为春秋霸主之一。

鲁肃的忍耐时间比楚庄王要久多了。如果从他建安三年（198）渡江南下来到江东算起，到建安十三年（208）主动请缨身赴荆州寻求机会，已经整整过去十年。

孙权为何会派鲁肃去荆州？从后面江东士人面对曹操大军一片迎降之声就不难推测，此时，面对荆州变局，他们普遍更多的是冷眼旁观。孙权从来没有真正信任过江东士人也是有原因的，关键时刻，这些人是真不上啊，摆明看你笑话，大不了，换主公。对江东士人来说，主公姓孙还是姓曹，对他们没有任何区别，只要能保住他们在江东的利益就行。

江东世家大族与孙氏的关系在过去的十年里一直都是不温不火，从来也谈不上信任，这些家族的人自然不愿为孙权所用。要不是孙氏长期坚持武力镇压，说不定又会冒出多少反对派，他们只是畏惧孙氏表面服从。孙权对这些人也只是利用而非重用。就算这些人愿意去，孙权估计也不放心用他们。

而孙氏的嫡系亲信淮泗集团又多是武将出身，这帮大老粗只会打打杀杀，字都认不得几个，派他们去搞外交丢人现眼是小事，办不成事损失可就大了。孙权承受不住曹操独占荆州的后果，此去荆州必须要有所收获才行，就算拉不住刘琮，劝不动刘琦，至少也要将刘备谈成合作伙伴。

而在江东阵营里面，孙权能指望的也只有从江北来的流寓北士，但这些人里大多在对待曹操的态度上与江东大族是一致的，主张投顺中央，典型代表就是张昭。

剩下的人即使忠心，但未必适合搞外交，以张昭的徐州彭城老乡严畯为例，他也是江北士人，避乱来到江东，孙权倒是很赏识他，也有意提携他。鲁肃去世后，孙权曾打算让严畯接替鲁肃掌管兵马统领军队。但严畯再三推辞以至痛哭流涕，说我只是一介书生，不晓军事，实在难当重任。严畯这类书生不会带兵也不懂如何办外交，当然做学问这些书生是可以的，但军事外交非其所长。

从古至今，对外交人员的选拔都是十分审慎的，不仅要仪表堂堂谈吐得体，还要能言善辩反应机敏。外交官代表一个国家的形象，要求是非常高的，而其实形象还在其次，最重要的是能力。要能办成事才行，不是随随便便抓来一个人就能搞外交的，还是那句话，人才难得，外交人才尤其难得。孙权选择的余地并不大。

出使荆州必须忠诚靠得住、有外交能力，还要有极大的勇气。因为此时的荆州充满变数，不是想去就能去的。荆州与江东是敌对关系，去荆州就是去冒险，只有鲁肃具备以上所有条件，而且他也愿意冒险。

鲁肃的忠诚在榻上对策时已经充分得以展现。至于勇气，鲁肃主动提出去荆州本身就是证明。

至于说，鲁肃的外交水平与沟通能力，在人才辈出的三国时代也属于顶级。

周瑜第一次见鲁肃，本来是去"抢粮的"，只借不还，那直接就是抢啊！本来周瑜是占主动的，因为是他发起的，鲁肃事前并不知情，结果呢，鲁肃直接放大招，指囷赠粮，这下反而弄得周瑜目瞪口呆，不好意思。一番交谈之下，周瑜认定鲁肃是江淮豪侠当场定交。鲁肃反客为主一次就搞定周瑜。就问你，这种能力牛不牛！周瑜是何等心高气傲的人，却被鲁肃拿下。

赢得周瑜的支持，在周瑜的力荐下，孙权第一次召见鲁肃，就被鲁肃震撼到了。别人还在质疑孙权的执政能力，鲁肃上来就劝孙权建号帝王，这种极度认可令孙权深受感动，舒适得如沐春风，三十年后还念念不忘。就说鲁肃这情商，这智商，你是孙权你也得提拔他。鲁肃话说得有水平有见识还特别令人舒服。要知道，那是鲁肃第一次见孙权。

鲁肃的高智商、高情商，极强的沟通能力，超强的应变能力，简直是最合适的外交官。

但其实比较尴尬的是，当时的鲁肃不是官，更不是外交官，他的身份只是孙权的一个宾客。

孙权之所以派鲁肃去荆州，有一个不便说出口的原因，正是因为鲁肃不是江东的正式官员，孙权才会派他去。

考虑到江东与荆州剑拔弩张的紧张关系，孙权认为派政府官员作为使者出使荆州并不合适。荆州方面如果羞辱甚至杀害使者，将有损江东颜面，而这种风险是存在的，发生的概率也不低。

而鲁肃是孙权的座上宾，不是正式任命的官员。如此一来，

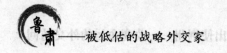

即使出事，也不会牵连江东方面。因为鲁肃说到底只是孙权的私人代表。

孙权这么做是要留有余地，凡事都做最糟的设想，但这么一来，牺牲的就是鲁肃。

这点鲁肃知道吗？当然知道，但他依然选择以身犯险，道理也很简单，富贵险中求，这个险值得去冒。人这辈子能够改变命运的机会其实并不多，特别是对那些缺乏背景靠山的人而言更是如此。

富贵人家的子弟可以求稳，因为他们有足够的资本平平稳稳去坐享其成，不需要承担风险，更不用奋斗。这个世界从来都不公平，寒门子弟，甚至中下层的富商豪霸都要经历血雨腥风才能有机会跻身上层。

如果出使荆州是轻轻松松走过场回来就能升官发财的美差，那么这个机会绝对轮不上鲁肃。

类似的情形也曾发生在刘备身上，刘备的实际出身比鲁肃还惨。鲁肃好歹也是地方豪侠。刘备，大家都知道，一度织席贩履。虽然他确实是汉室宗亲，但像他那种血统关系已经相当疏远的宗亲在当时到处都是，并不显贵。刘备能从织席贩履的落魄宗室成为一方诸侯的徐州牧，完全凭的是他个人的能力与顽强的奋斗，当然还有他师兄的支持。

刘备曾受师兄所派去徐州救援陶谦。在这个过程中，刘备的个人才干得到充分的展现。陶谦为将刘备拉过来为他所用，表奏刘备做豫州刺史。陶谦死后，刘备更是被徐州各方势力推举拥戴做徐州之主。

在赴任之前，刘备的身份还是豫州刺史，而这时他的一个叫陈群的部下劝他不要去徐州。因为徐州各派势力交错，北面曹操，南面袁术，都在觊觎徐州，而徐州本地的情况更为复杂，搞不好很容易陷进去。

这些情况，刘备当然也清楚，他也知道徐州的水很深，但他依然选择去蹚这个浑水，因为这是他仅有的改变命运的机会。此时刘备的豫州刺史只是一个虚衔，他不想要一个徒有其名的豫州刺史，他要做名副其实的徐州牧。如果徐州牧是个风光安稳的职位，徐州牧这个位置怎么会轮到他。

欲戴王冠必承其重，刘备深深懂得这个道理，所以才明知山有虎，偏向虎山行。

而鲁肃明知此去荆州困难重重，却依然执意前往，也很有点

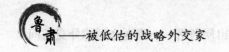

当年刘备的风采。

鲁肃当即以吊唁为名逆流而上出使荆州探听虚实。

鲁肃的此次荆州之行确实是充满不确定因素的外交冒险。因为就在当年年初，双方刚刚经历了一场大战，孙权率军在江夏破军杀将，破的是荆州水军，杀的是刘表帐下大将黄祖，双方旧怨之上又添新仇。这个时候去荆州风险难测。多年来，双方"交流"都是在刀光剑影的战场上，从来都是只打不谈，双方没有外交关系，之前也未做过沟通，鲁肃此行是名副其实的破冰之旅，但如果荆州方面不认同鲁肃的外交身份，麻烦就大了。

孙权对荆州的图谋野心是路人皆知的。孙权在江东的大本营设在京口，也就是今天的江苏镇江。但孙权早早就将他的驻地从京口搬到了柴桑，这个位置就在今天的江西九江的郊外。

柴桑地界荆、扬二州，素有吴头楚尾之称，汉代，柴桑是扬州豫章郡下设的一个县。这里是东吴水军的屯驻之地，也是重要的军港。

从柴桑西行不远就是荆州的江夏郡，孙权意欲吞并荆州的野心昭然若揭，他就差把"我要荆州"这几个字写在脑门上了。

荆州人自然不会对江东有好感。再加上双方交战多年，彼此互有死伤，都将对方视为仇敌。在这种情况下去谈联合，难度可想而知，鲁肃的这次荆州之行注定是不会轻松的。

当时的荆州既有内忧又有外患，基本已经乱套了。如果荆州方面来个两军交兵先斩来使，那鲁肃就要凉凉了。因为之前，荆州与江东一直都处于战争状态，双方也从未和解，鲁肃的这次外交访问就显得相当唐突。

鲁肃与诸葛亮为促成孙刘联盟各自进行了一场艰难困苦但意义重大的外交行动。正是这两次卓越的外交访问，孙刘才从陌生到熟识，从互不信任到坦诚相见，从而迅速实现联合。双方立场的转变，当然是两位优秀的外交家诸葛亮与鲁肃不懈努力的结果。

万事开头难，孙刘从彼此陌生到建立互信以至形成联盟，总需要一个过程，但曹操不会给鲁肃、孙权、刘备、诸葛亮从容商谈的时间。抓住有限时机促成联盟的是两个人——鲁肃与诸葛亮。

负责开启关系的鲁肃面临的困难其实一点儿也不比后来的诸葛亮少。

当时荆州的形势是一日数变，鲁肃深知此行责任重大，他更

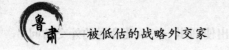

知道孙权对他抱有很大的期望，所以不敢怠慢，出发后就昼夜兼程向荆州进发。

促成联盟
——劝说孙权联合刘备共同抗曹

以前江东是要吞下荆州，现在是要与荆州谈合作共存，当然未来的目标还是要夺荆州。孙权作出这个巨大的战略转向是很不容易的，帮他转向的人就是鲁肃。

难能可贵的是，鲁肃不仅是计划的制定者也是执行人。这就更为难得，能说的未必能干，能干的未必会说。而鲁肃既能说又能干，简直是不可多得的大才。

孙权的转向从以荆州为敌到与荆州合作，不是他自愿而是局势所逼，不得不如此。逼他的那个人就是曹操。

其实，这些年，曹操很忙的，而且基本都在北方忙，很少有闲工夫关注南方的事情。

曹操从官渡之战打败袁绍到彻底清除袁氏统一河北四州用时七年。很多人会认为七年时间过长，有这个时间足够李世民统一全国了。

是的，李世民自己也这么认为，当他阅读史书看到曹操的事迹时，也产生相同的看法，认为曹操水平一般，完全不是一些人将曹操捧起来看的那种感觉。一个河北就打了七年，曹操这水平也不咋的呀，河北，两场战役不就搞定啦，哪用这么久。那么多人吹曹操，吹他如何会用兵，就这水平，还好意思吹！于是，李世民在轻视之余给曹操一个有名的评价："一将之智有余，万乘之才不足。"

但如果李世民注意到孙权的战绩的话，估计他会更惊讶！原来还有更差的。

学霸李世民不会理解学渣孙权为何会做出那么差的成绩。

学渣孙权对学霸的世界则完全不懂，因为那是他穷尽一生也难以达到的高度。层次不同，不必言深。说多了，都是伤害。同一时代，曹操就是学霸，虽然李世民对曹操颇有轻视之意，但那也要看同谁比，曹操对孙权则完全是降维打击。仅就个人水平而言，曹操可以花式吊打孙权。

曹操用七年时间好歹平定了河北。

孙权用八年时间只干掉一个黄祖，地盘也只抢到半个江夏郡。

有对比才有伤害。孙权才是那个水货，战斗渣渣。

因为孙权实力过于逊色，李世民压根就没注意到他。估计即使注意到也懒得评价。

曹操没来的时候，孙权都打不动荆州。曹操来了，荆州就更轮不上孙权了。

但孙权又十分想要荆州，最好的办法是先将曹操赶走，再慢慢打荆州的主意。但是吧，靠他自己的实力又赶不走曹操，那就只能找人合作，可是，孙权发现他能找的也只有荆州的实力派。

孙权的私人代表鲁肃正在去找人的路上。鲁肃知道荆州局势瞬息万变，为了抢时间，他已经很拼了，从江东出来后就在不停地赶路，但荆州局势变化之快，依旧超出了他的想象。

鲁肃赶到夏口，听闻曹操已然兵进荆州，于是，晨夜兼道，等他走到江陵，得到的是刘琮已降，刘备南走的消息。

刘琮是不能指望了。鲁肃对刘表的这个儿子本来也未抱多大希望。至于刘表的长子刘琦，困守夏口兵少力弱也指望不上。

能稳住荆州局面的只有刘备。

而此时的刘备刚刚经历当阳大败正在南撤的路上。

鲁肃朝刘备南撤的方向径直迎了上去，与刘备、诸葛亮相会于当阳的长坂。这是鲁肃与刘备、诸葛亮的第一次会面。

鲁肃首先向刘备、诸葛亮转达了孙权的问候，在经过一番寒暄后，大家就算是认识了。

接着，鲁肃又与刘备、诸葛亮纵论天下形势，表达己方观点，探察对方反应，以便为下面的会谈做铺垫。

鲁肃与刘备一番高谈阔论，既营造出亲切热烈的氛围又能化解此时的尴尬，因为刘备刚刚打了败仗，十分狼狈。但鲁肃只谈形势，表达己方的问候，对眼前的战事只字不提，这又是鲁肃高情商会办事的具体体现。

尽量避免对方的尴尬，既是礼貌也是尊重。而礼貌、尊重是与人合作的基础。

先给对方留下良好的印象，赢得好感，才会逐步建立信任，下面的事情才更好谈。

场面话说过，就该进入正题了。

有些话该问还是要问。

鲁肃试探着问刘备："豫州今欲何往？"刘备做过豫州刺史，这个官职还是当年曹操向朝廷表奏的。曹操都承认的，其他人自然没理由不认可，所以，大家都尊称刘备为刘豫州。

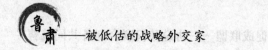

鲁肃问刘备今后要往哪里去。刘备说我与苍梧太守吴巨有交情，准备去投奔他。

鲁肃说孙讨虏聪明仁惠，敬贤礼士，江表英豪，咸欲归附，已据有六郡，兵精粮多，足以立事。当时孙权的正式官职是讨虏将军，所以鲁肃称孙权为孙讨虏也是尊称。

鲁肃说，为您考虑，不如遣一心腹之人前往江东，与我家主公孙权结为盟好，共商大事。不是我在这里贬低他，吴巨乃平庸之辈，偏在远郡，行将为人所并，他自己尚且难以保全，如何值得豫州托付。

刘备说去苍梧投奔吴巨明显是敷衍之词，他这么说也是在试探鲁肃。而当鲁肃劝他与孙权结盟时，刘备终于露出了会心的、如释重负的笑容。他等的就是这句话。刘备又何尝愿意南奔苍梧，就算到了那里又能如何，曹操仍会紧追他不放，逃是没有出路的，只有拼尽全力，奋力一战才有生路。

只是，刘备也需要盟友，刚刚经过大败的他，仅靠自己的力量不足以抗衡曹操，放眼四顾，有实力又有意愿与他联合的也只有孙权。刘备也有意与孙权联合，但这话又不好说，如果他先开口，那从开始就被动了，后面就会一直受制于人，所以，刘备虽有意但只能等鲁肃先把话讲明，他再跟进。

鲁肃真是明于人情通晓世故，通情达理，他知道刘备想要听的话，于是也不再兜圈子，直接说明江东有意联合。实力上，江东占优，即使先提出意愿想法，也不吃亏，还能表示合作的诚意。

刘备不是刘表，与孙权没有杀父之仇，也没有夺将之恨。双方合作不存在历史包袱。

对联合抗曹之事，刘备自然是十分乐意。鲁肃察言观色，见刘备露出笑容，知道事情成了。

鲁肃又对刘备身旁的诸葛亮说："我是子瑜的朋友。"子瑜是诸葛亮兄长诸葛瑾的字。诸葛瑾早年避乱江东，现在也在孙权那里做宾客。话不多但都是精髓。一句话拉近距离，一句话告诉诸葛亮，我们是"自己人"。鲁肃与诸葛瑾，都是北来士人，都是独在异乡为异客，也都是孙权的座上宾。他们很可能确实是朋友。

鲁肃既然对荆州深有研究，他自然知道诸葛亮其人其事，在来之前肯定也是做了充分的准备。鲁肃深知诸葛亮在刘备这里的地位分量。

刘备采纳鲁肃的建议，率部进驻鄂县樊口。刘备不去夏口转去樊口，说明刘备、诸葛亮与鲁肃就联合抗曹已经达成初步意向，因为樊口在夏口东面，这里已经是孙权的势力范围。刘备能带兵进入孙权的地盘，就表示双方已经建立起初步的信任。

接下来就是等孙权的正式答复。鲁肃已经向孙权表达了江东方面的合作意向。刘备也应该派人去江东向孙权表明他的联合抗曹的诚意。

这个艰巨的使命自然落到诸葛亮的肩上。

此时，曹操已经顺利进驻江陵，随时可能举军东下。

孙权还有时间考虑做选择。但对刘备而言就真是火烧眉毛了。

情势危急，诸葛亮主动请缨，请求前往江东与孙权商谈结盟抗曹之事。

诸葛亮对刘备说："事急矣，请奉命求救于孙将军。"刘备知道事关重大，此行成败关乎他以及整个阵营的命运，也只有诸葛亮才能胜任。

刘备当即同意，现在已经没有时间犹豫了。

开战的主动权在曹操那里。

结盟的主动权在孙权那里。

刘备战守同盟都是被动的一方，只能选择主动出击，险中求胜。

既然没有退路，那就奋力一战吧！

诸葛亮得到允许后立即起程，在鲁肃的陪同下登舟顺流而下前往江东。

孙刘联盟能够实现，江东方面的第一功臣是鲁肃，而鲁肃也凭此功劳确立了他在江东政坛的地位。刘备方面的第一功臣自然是诸葛亮，这也是诸葛亮初出茅庐的第一功。诸葛亮也是因为此项大功确立了他在刘备阵营的地位。

鲁肃成就了诸葛亮。

诸葛亮也成就了鲁肃。

他们是真正的相互成就。

他们都是各自阵营的联合派。因为他们深知只有联合才能对抗曹操，只有联合才能实现三足鼎立。

他们都是远见卓识的战略家。

他们都在己方最困难的时刻不避艰险挺身而出，主动请缨，展现出他们的勇气与担当。

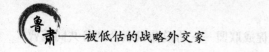

他们极度忠诚又极具能力。

他们为自己的主公竭诚尽忠，也以自己的能力帮助自己的主公闯过难关迎来辉煌的胜利。

大军压境，黑云压城，赤壁战云密布，然而，沧海横流方显英雄本色。

诸葛亮身负使命来见孙权，开场还是讲形势，这个必须要讲。诸葛亮："今海内大乱，将军起兵江东，刘豫州收众汉南，与曹操并争天下。今曹操芟夷群雄，独霸中原，摧破荆州，威震四海。刘豫州兵败至此，愿将军量力而处之。将军若能以吴、越之众与中国抗衡，不如趁早与曹操决裂；若不能敌，何不按兵束甲，北面事之！今将军外托服从之名，而内怀犹豫之计，事急而不断，祸至无日矣。"

诸葛亮此次出使的目的是求援。己方的形势是当阳新败，部众离散，将不过关羽、张飞、赵云，兵不满万。对方据有六郡，与曹操关系尚可，兵精粮足，舟船横行长江有水师之利。

最重要的是刘备与曹操是汉贼不两立，势同水火，而孙权尚未与曹操反目，也就是说，孙权尚有转圜的余地，这是孙权相比刘备最大的优势。

　　按照普通的求援画风，通常是求援之人言辞恳切，说明形势之紧迫，己方情势之危急，急盼救兵，再说两句唇亡齿寒、户破堂危之类的经典说辞，再然后就是泪眼婆娑地望着对方，打感情牌，期望以此打动对方。

　　但诸葛亮不走寻常路，虽然是有求于人，但他表现得不卑不亢，从容镇定。

　　因为诸葛亮知道，以寻常的那种方式求援，从一开始就会使己方陷入被动，将主动权拱手相让，这么一来，即使谈成，条件也必然对己方不利。

　　诸葛亮的谈判简直是教科书级的。对方知道己方目前的处境，也知道自己是来求援的。但诸葛亮开始就将己方的底牌亮出，是的，我们是来求援的，但是不管你们来不来，我们都要打到底，原因你也知道，不需隐瞒；我们的实力，你大概也知道，情况就是这个情况，反正我们是要同曹操拼到底的，至于你们是想抵抗还是投降，那就是你们的事情了。反正我们的底牌亮给你了，怎么选你们自己决定。如果你们愿意抵抗，那么好，我们就联合，共同抗曹。如果你们想投降，那请你们自便，我们即使孤军奋战也要勇往直前，抵抗到底，因为我们是大汉的臣子，是铁

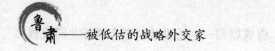

骨铮铮的汉子。

诸葛亮将己方最不利的条件没有退路变成了己方最大的优势。同时，将孙权最有利的条件，有退路变成对方最不利的条件。

诸葛亮以退为进反客为主不动声色地将己方的压力转到对方身上，不是己方急求救兵而是逼对方尽快做选择。

孙权的困扰确实就在于他还有得选择，也因此他才会犹豫不决。

摆在孙权面前的只有两条路：迎降与抵抗。两条路他必须选一条。两条路线也是两种命运，孙权只有一次做选择的机会，他很清楚选错的代价，所以，他很犹豫。

事实上，鲁肃在一开始就为孙权选好了。接下来，鲁肃所做的都是一再证明他的路线的可行性与正确性。鲁肃选的是抵抗这条路。

孙权派鲁肃出使荆州，说明他也是认同这条路的，不过还未下定决心。

而诸葛亮就是来帮助孙权下决心的人。孙权还在犹豫，而军国大事最忌犹豫。诸葛亮以言辞倒逼孙权，就是促使孙权早定大计。

鲁肃虽然是不可多得的外交人才，但与诸葛亮相比，还差得很远。

孙权："苟如君言，刘豫州为何不事之！"诸葛亮说："田横，齐之壮士耳，犹守义不辱；况刘豫州王室之胄，英才盖世，众士慕仰，若水之归海！若事之不济，此乃天也！"孙权勃然："吾不能举全吴之地，十万之众，受制于人。吾计决矣！非刘豫州莫可当曹操者；然豫州新败之后，安能抗此难乎！"诸葛亮："豫州军虽败于长坂，今战士还者及关羽水军精甲万人，刘琦合江夏战士亦不下万人。曹操之众，远来疲敝，闻追豫州，轻骑一日一夜行三百余里，此所谓'强弩之末势不能穿鲁缟'者也。故《兵法》忌之，曰'必蹶上将军'。且北方之人，不习水战；荆州之民附操者，逼近势耳，非心服也。今将军诚能命猛将统兵数万，与豫州协规同力，破操军必矣。操军破，必北还；如此，则荆、吴之势强，鼎足之形成矣。成败之机，在于今日！"

孙权被刺激后表示不甘心束手投降，要抵抗。但是，孙权也有担忧，因为与曹操开战，仅靠他自己肯定不够，还必须拉上刘备。但问题是，刘备在经过当阳之败后，还有没有一战的实力。

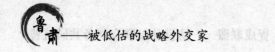

这点孙权是有疑问的。而诸葛亮就是来答疑解惑的。

诸葛亮告诉孙权,关羽水军有一万人,被打散的战士也在陆续归队,而且刘琦在江夏还有一万人。我们的总兵力有两万人。

诸葛亮还为孙权分析了曹操的弱点:

其一,曹军远来疲惫,最有说服力的就是当阳之战的一日一夜三百里。

其二,曹军是北方人不习水战。而在荆州水战是必不可少的。

其三,荆州军民降曹是逼于形势迫不得已,不是真心投降。

在诸葛亮讲明己方的优势与敌人的劣势后,孙权看到了胜利的希望。

于是,诸葛亮再进一步激励孙权,说将军您只要派一员大将率领数万精兵与我们刘豫州同心协力,一定能够打败曹操。曹军被击败后就会退回北方,到那时荆州与江东不仅能守住现有的疆土,还能趁势发展,与占据中原的曹操鼎足而立。未来能否成功,就在于您今天的选择。

孙权的雄心壮志也被激励起来,跃跃欲试,颇有要与曹操一争高下的意思。

这些都被鲁肃看在眼里，鲁肃也很激动，他冒着生命危险去荆州联络刘备、诸葛亮看来是十分正确的决定。

但他也知道，诸葛亮只是解答了孙权的部分疑惑，剩下的需要他与周瑜去解答。

鲁肃很清楚，与曹操开战，如此重大的决策，孙权肯定还要征求江东各方意见，而那些人的态度，不难猜测，现在高兴，为时尚早。

果然不出鲁肃所料，一封从荆州送来的书信打破了江东的平静，信是曹操写的，收信人是孙权。

曹操在给孙权的书信中是这么写的："近者奉辞伐罪，旌麾南指，刘琮束手。今治水军八十万众，方与将军会猎于吴。"

意思是：我奉朝廷之命讨伐有罪之人。旌旗南向，大军方至，刘琮即束手归命。如今，我在荆州训练水军，有八十万人。我很快就会到吴地去，很期待到时与将军一起游猎，想必应该会很快乐。

孙权接到信当时就傻了。看来曹操要打过来了，孙权赶紧召集帐下文武商议对策。孙权将曹操的信拿出给群臣看，大家看过信，脸色都不是那么好看，个别人身体还会不自觉地发抖。

　　这当然不是一个讨论打猎的私人信件，而是曹操对孙权下的战书。咱们中国人说话办事都很含蓄。很多时候仅看字面意思是不够的，还要读懂其中隐含的信息。

　　说一个战国故事，大家就懂了。蔺相如，很多人都知道，他的事迹完璧归赵更是家喻户晓，妇孺皆知。但这里要说的是关于他的另一个故事：渑池之会。

　　在完璧归赵的四年后，秦昭襄王想要攻打楚国，便想与赵国讲和，以集中兵力攻楚。

　　秦昭襄王派出使者到赵国，约赵惠文王在西河外的渑池相会。赵惠文王不想去又不敢不去，最后在蔺相如的陪同下来到渑池。秦国人果然没安好心，宴席上，秦王对赵王说："听说您善于鼓瑟，就请您在此为大家鼓瑟助兴如何？"赵王畏惧秦王威势，不敢不从，只好勉强鼓瑟敷衍一下。这时，秦国负责记录的御史走过来，在竹简上写道：某年某月某日，秦王与赵王在渑池相会，赵王为秦王鼓瑟。

　　秦人摆明是在羞辱赵国君臣。蔺相如见状拿起一个缶走到秦王面前说："听说秦王擅长击缶。也请您击缶为大家助兴。"秦王大怒不肯击缶。蔺相如也面露怒色对秦王说："大王若不肯听臣，七步之内，臣请以颈血污地。"

蔺相如这句话的字面意思是说，如果您不答应我的请求，我就割破自己的脖子让流出的血弄脏地面。而蔺相如真正想表达的意思是，如果你今天不答应，我就当众刺杀你，令你血溅当场。你之所以跋扈不过是仗着你们秦国兵马众多国力强大，但七步之内，就算你们秦国有百万之众也没有办法救你。

秦王当然听懂了蔺相如话里的威胁，只好不情愿地击了一下缶。蔺相如立即召来赵国的御史也在竹简上写道：某年某月某日，赵王与秦王在渑池相会，秦王为赵王击缶。蔺相如以他的机智勇敢捍卫了赵国的尊严。

曹操给孙权的信，想表达的，就是蔺相如对秦王传递的意思，表面上很客气，实际是赤裸裸的威胁。

孙权召集文武开会，请大家各抒己见。孙权的意思是让众人表态，但他自己不亮明态度，这正是领导开会的惯常套路。如果领导先发言表明立场，那就等于给会议定调，后面的人基本上都是顺杆爬，毕竟敢于当众顶撞领导的，与领导公然唱反调的是极少数。如果领导是真想听意见，就不会在一开始表明态度，那就等于开场就亮出底牌，后面就没法玩了。

　　孙权属于政治早熟型的领导，接班也已八年多，常见的政治套路已经玩得很纯熟。

　　这不是一场团结的大会，也不是一场胜利的大会，而是彼此试探的大会，相互摸底的大会，斗智斗勇，虚虚实实，大家玩的都是套路。

　　孙权虽然是让大家表态，但他最在意的当然是文官之首张昭的态度。张昭在江东威望极高，德未必高，但望确实重，他的态度可以影响带动一大批人。

　　面对曹操的军事威胁，立场只有两个：投降或抵抗。对江东群臣而言，这不是普通的表态而是政治站队。选对就意味着飞黄腾达，选错则将葬送政治生命。

　　人家的战书都送过来了，拖延战术显然是不管用的，大家的目光都注视着张昭。孙权也在看着张昭，期待这位重臣的发言。

　　长史张昭说："曹公是豺狼虎豹，挟天子以征四方，动辄以朝廷之令为辞；今日拒之，是以江东抗拒朝廷。且将军可以抵抗曹操的资本是长江之险。如今曹操已得荆州，刘表水军艨艟斗舰以千数，尽归曹操。加之所率中原步兵，浮江以进，水陆俱下，长江之险已与我共有，而势力众寡不敌。愚谓大计不如迎之。"

张昭的发言表达的意思很明确，千言万语汇成两个字：投降。张昭话音刚落，便有一大群人立即跟进，随声附和，因为张昭说出了他们的心声。张昭所说也正是他们心中所想。

张昭的发言犹如兜头的一盆凉水将孙权从头到脚浇得透心凉。孙权的心，拔凉拔凉的，此刻就是最好的云南白药也难以抹平他心灵上的创伤。

在孙权最需要支持的时候，张昭却抛弃了他。孙权是个很记仇的人，二十年后，他还记得这件事，而且就在自己的登基大典上，当众羞辱张昭。孙权报仇，二十年不晚。

张昭主降，但随后事情的发展证明他是错的，而张昭站错队选错路线的代价是从此在政治上失势，退居二线。

在张昭等人发表投降言论侃侃而谈的时候，鲁肃一言不发，就在角落里静静地看着这群人表演。因为鲁肃清楚，与这些人费唇舌没有必要，只会引来不必要的麻烦。说话能算的只有孙权。

在小说《三国演义》里，作者罗贯中为突出诸葛亮的正面形象，彰显诸葛亮的智慧，强行加戏，安排了一个诸葛亮舌战群儒的故事。

其实，舌战群儒最合适的人应该是鲁肃，但鲁肃不会这么做。与这些投降派论战，只会陷入这群人的围攻，场面上会很被动，鲁肃长期以来就受到张昭等人的打压，避免正面冲突才是明智之举。

因为真正拿主意有决定权的人是孙权。与其去说服一群不重要的人，不如去说服一个重要的人。

会议应该是开了很长时间，孙权也是头昏脑涨，于是以办事为由，出去透透风。鲁肃一直在等与孙权单独接触的机会。见孙权起身，鲁肃立即跟了出来。

鲁肃尾随孙权追到廊下。孙权见是鲁肃，瞬间就明白了鲁肃的用意，握着鲁肃的手说："卿欲何言？"注意孙权的动作，握着鲁肃的手，这是一个表示亲近信任的动作，也是孙权在失望苦闷之际一个情不自禁的自然表露。

鲁肃说，刚才众人的议论是误导将军，不足以共谋大事。鲁肃可以降曹，但将军不可以。鲁肃投降，不过从头再来，还付乡党，犹不失下曹从事，乘牛车，从吏卒，交游士林。将军迎操，能去哪里？愿将军早定大计，不要听众人之言。

孙权听了鲁肃的话，不禁一声叹息：众人的言论令我很是失望，只有卿与我是一条心。

　　鲁肃的话说得已经很直白：投降没有出路。对孙权如此，对鲁肃其实也是。孙权如今是一方诸侯，威风八面，一旦投降，归为臣虏，那消磨的就是孙权自己。鲁肃对自己的评价——交游士林其实也有点乐观。交游士林，鲁肃对自己在士大夫中的地位还是认识不清。从张昭对鲁肃的态度就能猜出士大夫们对鲁肃的看法。张昭的影响力可不止在江东，在中原也很有知名度。鲁肃投降的最好结果也不过是回他的东城老家做县长。

　　但鲁肃的志向不是区区一个县长能够满足的。鲁肃投降会被士大夫阶层彻底压制，再不会有出头之日。能使鲁肃施展抱负的人只有孙权。鲁肃与他的主公孙权的利益是彻底绑定在一起的。他们的关系是一荣俱荣，一损俱损。这也是鲁肃坚决主战的根本原因。鲁肃不想做县长，他要当将军，只有孙权才能满足他。

　　鲁肃能看出来，他的话已经深深触动了孙权。但鲁肃认为这还不够。因为既然不投降，那就只有抵抗到底。而抵抗必须得到军方的全力支持。

　　军方的代表自然就是周瑜。这时孙权应该想起了哥哥孙策临死前对他说的话：内事不决问张昭，外事不决问周瑜。现在正是需要周瑜的时候，而当时周瑜不在柴桑。鲁肃知道促使孙权下定

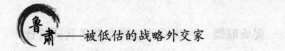

最后决心的人只能是周瑜。因此，鲁肃建议孙权立即召回周瑜，而这也正是此时孙权的想法。

周瑜被紧急召回。孙权再次召集文武开会，这次会议的重头戏是看周瑜的立场。周瑜当众对孙权说："曹操名为汉相，实为汉贼。将军以雄才兼仗父兄之烈，割据江东，地方数千里，兵精足用，英雄乐业，当横行天下；曹操是来送死的，怎么能投降呢！"

周瑜当即为孙权做专业讲解："马超、韩遂尚在关西，他们与曹操的关系，极不稳定，说不定哪天矛盾爆发，双方就可能兵戎相见。简单地说吧，曹操有后患，他的大后方并不安定。

"曹军的专长是骑射陆战。南方水网纵横，离开水军寸步难行，水战是曹军的弱项却是江东的长项。曹操舍弃鞍马，操弄舟楫，与江东在水上争衡；这是以短攻长。现在又是寒冬，马匹缺乏草料，曹操驱中原士众远涉江湖来到江淮，水土不服，必生疾病。这些都是用兵的大忌，而曹操一项不落全犯了。生擒曹操，正在今日。请拨给周瑜数万精兵，进驻夏口，周瑜一定为将军大破曹操！"

周瑜的话让孙权彻底坚定了与曹操开战的决心。这一切都在鲁肃的预料之中，所以，鲁肃才让孙权急召周瑜回来。因为鲁肃知道，周瑜是坚定的主战派。

孙权对周瑜说："老贼欲废汉自立久矣，只是忌惮二袁、吕布、刘表与孤；如今数雄已灭，惟孤尚存。孤与老贼势不两立，君言当击，甚与孤合，此天以君授孤也。"说罢，孙权拔刀砍向奏案，大吼道："再敢有言当迎操者，与此案同！"

话不必多，敢言就行；人不必多，敢战就行。

周瑜为江东的这场争论画上句号。

当天夜里周瑜又来见孙权，有些话不便当着众人讲，只能深夜秉烛长谈。

周瑜说："那些主张迎降的人，只见曹操书信上说有水军八十万众，不辨虚实便心生畏惧。曹操所带来的中原人马不过十五六万，且已久战疲惫；刘表投降的部众最多也只有七八万人，而且这些人刚刚投降，未必会为曹操尽力。曹操以疲病之卒御狐疑之众，兵马虽多，不足为虑。周瑜只要五万精兵，足以破敌，愿将军勿虑！"

孙权抚摸着周瑜的后背说："公瑾，卿言至此，甚合孤心。子布、元表诸人，各顾妻子，挟持私虑，深失所望；只有卿与子敬与孤意同，此天以卿二人赞孤也。五万兵马一时难以调齐，已选三万人，船粮战具俱办。卿与子敬、程公先发，孤当续发人众，多载资粮，为卿后援。卿能办之者诚决，邂逅不如意，便还就孤，孤当与孟德决战。"

孙权先是握着鲁肃的手，又抚摸周瑜的背，这是亲近信任的表示。孙权是将他以及整个江东的命运都交给周瑜、鲁肃了。

孙权当即以周瑜、程普为左右都督领兵五万与刘备合兵逆流而上迎战曹操。鲁肃被孙权任命为赞军校尉，辅助周瑜出谋划策。

诸葛亮与鲁肃、周瑜分别从三个不同层面帮助孙权树立信心。

诸葛亮告诉孙权，你不是孤军奋战，我们是你的友军，会与你并肩作战。

鲁肃告诉孙权，别人都能投降，因为他们已为自己找好退路。但是你没有退路，所以你只能拼尽全力去应战。

周瑜告诉孙权，曹操外强中干并不可怕是可以战胜的，军队支持你。水战是我们的优势，这场仗打得赢。

三人中鲁肃的功劳最大，为何这么说呢？因为诸葛亮是鲁肃请来的，周瑜是在鲁肃的力主下召回的。

从一开始策划孙刘联盟的首席军师其实是鲁肃，诸葛亮与周瑜是鲁肃请来帮助他说服孙权的外援，而他却是最被忽略的一个。

说起赤壁之战，人们只记得舌战群儒的诸葛亮与火烧赤壁的周瑜。鲁肃给大家留下的只是憨厚忠实的形象。

但如果没有鲁肃，孙刘联盟能否形成都很难说。先是鲁肃去请诸葛亮，才有诸葛亮与孙权的坦诚相见。然后又是鲁肃建议孙权在关键时刻召回周瑜，才有周瑜给孙权讲明军事形势。

从头到尾，孙权的群臣中只有鲁肃是积极的、坚定的联合派，往来奔走联络刘备、诸葛亮的也是鲁肃。很多人其实都未注意到周瑜与鲁肃的区别。

周瑜、鲁肃都是坚决主战的，但他们的主张是有差异的。他们最大的不同就在于联不联合刘备。鲁肃是主张联合的，但周瑜对与刘备的联合并不积极，可以说他既不反对也不支持。周瑜从未将刘备当作友军，内心还将刘备视为潜在对手。这从后面周瑜对待刘备的冷淡态度就能看出来。

鲁肃是孙刘联盟能够实现的最关键因素，孙权信任鲁肃，因此鲁肃才能去找刘备谈。刘备不了解孙权，对江东方面，他信任的人也只有鲁肃。从后面刘备对江东援兵的反应也能看出来。

自诸葛亮赶赴江东搬兵，刘备在樊口，日夜派人在江边守望。刘备心情焦急，对援兵是望眼欲穿。当江边的小吏看到来自江东的水军舰队便立即飞报刘备。

激动的刘备马上派使者带着礼品前去劳军。既然援军来到，双方势必要见面详谈联合作战事宜。刘备与孙权都是主公也是各自三军的真正统帅。周瑜不过是孙权帐下的一员大将。

照理说，从级别上，应该是周瑜去拜访刘备。但周瑜显然瞧不起刘备。狗眼看人低的周瑜极其嚣张傲慢，他居然对使者说，他有军务在身，不方便拜访，希望刘备能主动来找他。

刘备知道现在是自己有求于人，便不与周瑜计较，亲自乘船来见周瑜。

刘备见到周瑜便急迫地问道："孙将军举兵抗曹实乃明智之举。但不知这次带来多少兵马？"周瑜回答："三万。"刘备略显失望，只说出两个字："恨少。"周瑜却显得胸有成竹颇为自信地说："这些人马足够用。就请刘豫州看我破曹吧。"刘备感觉这个周瑜就是在吹牛，有点不靠谱，对周瑜说想见鲁肃详谈。刘备的这个举动已经表明他对周瑜的不信任，他只相信鲁肃。

盟友之间最怕的就是相互猜忌，互不信任。大敌当前，友军之间连基本的互信都做不到，这是相当危险的。如果军中只有周瑜，孙刘之间很难真正实现联合。看看周瑜对刘备的态度，充满傲慢，岂有如此对待友军之理。幸好还有鲁肃。赤壁之战，鲁肃最大的贡献其实是充当孙刘两军之间的联络官。

而周瑜是不放过任何挖苦刘备的机会，当即顶回去，说我有军令在身，鲁肃也有专职，如果您要找鲁肃就去他的驻地吧，我这里不方便招待你们。

刘备碰了一鼻子灰，虽有不满，但现在不便发作，只能告辞而去。

赤壁之战真正的重点不在战争过程，而在战前的联合与战后的影响。周瑜的作用就是打了一场赤壁之战。战前为孙刘联盟奔走的是鲁肃，战后主张与刘备深度联合借江陵给刘备的也是鲁肃。在赤壁之战的整个过程中，鲁肃发挥的作用都远远大于周瑜。

周瑜考虑的都是战术层面。

而鲁肃考虑的都是战略层面。

这是两人最本质的区别。

建安十三年（208）冬，周瑜率领的江东水军与沿江东下的曹军在赤壁遭遇，初次交锋，曹军败北。这也印证了周瑜在战前的预判：打水战，曹军不是江东水军的对手。

曹军战败后就退到北岸，周瑜水军停泊在南岸，两军隔江对峙。

这时周瑜的部将黄盖献计说，众寡悬殊，长久相持下去，于我军不利。曹军战船多用铁锁贯通，首尾相连，不如以火攻之。周瑜说，其实，我也是这么想的。两人当即商定，通过诈降骗取曹操的信任赢得靠近曹军水寨的机会。只是周瑜并没有打黄盖。苦肉计并未上演，因为没有那个必要。曹操自起兵南下以来，到处都是迎降的文武将吏，他受降已经受成习惯，对黄盖的投降，丝毫未起疑。在他看来，大军压境，江东有人投降是再正常不过的事情，不来才不正常。

曹操放松警惕，黄盖才有机会。而黄盖用一把大火给了曹操一个深刻教训：不要轻易相信他人。受降如受敌，时刻需要保持警惕，这么浅显易懂的道理，曹操当然懂，但他确实已经被胜利冲昏头脑。

得意忘形的曹操眼睁睁看着他的水寨战船被黄盖的火船冲垮。但曹军水寨至少有数十里，黄盖的几十艘小火船只能烧毁少数船只。黄盖的作用其实是制造混乱，冲乱曹军的阵脚，随后跟进的周瑜率领的江东水军主力才是击溃曹军的决定力量。

曹操的大部分战船其实是他撤退时自己放火烧的。水战打不过周瑜，曹操选择走陆路撤退。

既然要撤，战船总不能留给敌人，所以曹操才下令烧船。

虽然摆脱了周瑜，但曹操的撤退之旅才刚启程而已，因为他的老对手刘备已经在追杀他的路上。

孙刘联军在追击曹操时"配合"得还是相当到位的。江东水军在江上放了一把火将曹操逼上岸。刘备率军随后登陆追击。江上火攻只是序幕，陆上追击才是高潮。赤壁之战水战看周瑜，陆战还要看刘备。周瑜在长江上火烧曹军战船，刘备在追击路上其实也放了一把大火，这场火相比江上放的那把火对曹操的威胁更大。幸亏曹操跑得够快，才捡回一条命。

赤壁之战中，刘备追曹操的乌林之役是刘备的主要战功，也是日后与江东分配战果时最有力的依据。

刘备这辈子都未想到，他还有机会追杀曹操。刘备将他之前撤退时的闪电速度用来追击，速度还是当年那么快，心情却大不相同。

然而，刘备低估了曹操。事实证明，这哥俩逃命的速度都不慢。曹操跑起来速度丝毫不逊色于刘备。

曹军在赤壁的阵亡并不多，更多的死伤是发生在撤退的路上，走水路时因为坐船，损失很小，主要的死伤是在登陆后，在一个叫华容道的地方。

与小说不同，很多人会感到失望，因为关羽并未守在这里。

当时，曹操在前面仓皇奔逃，刘备在后面紧追不放。路过华容道时，下起大雨，道路湿滑泥泞，冬季的北风吹得曹军瑟瑟发抖，饥寒交迫冒雨赶路的曹军狼狈不堪，然而，曹操一个劲儿在催促大军加速前进。可是，道路被雨水冲毁，大家也想尽快逃离这里，但走上两步就会滑倒。曹操见此情形，眉头紧锁，这时他奸雄的一面就呈现出来，他令老弱步兵负草填路。可是，还不等士兵们离开，曹操就迫不及待率领骑兵直冲过去，夺路而逃，来不及避闪的士兵被踩踏死伤的不计其数。

待曹操逃出华容道不禁放声大笑，身旁众将不解其意，问曹操为何发笑。

曹操说，刘备确实算得上是我的对手，只是反应慢了一点，如果刚才他在那里放起一把火，我们恐怕就都出不来了。

其实，不是刘备反应慢，而是曹操跑得快。曹操走后不久，刘备就追杀而至，果然放起一把大火，只是曹操已经逃走。不过，曹操也没啥可得意的，他好像忘记了，他是怎么过的华容道。曹操的逃跑方式一点儿也不光彩，甚至可以说是很可耻。

曹操留曹仁守江陵、乐进守襄阳，他本人则率领大军返回中原。

在曹魏的官方记载里，对赤壁之战的描述只有区区九个字："公至赤壁，与备战，不利。"至于这场战役的结果也相当简略："备遂有荆州江南诸郡。"

曹魏方面全程忽略孙权，对阵的双方只有曹操跟刘备。孙权为数不多的露脸还是因为刘备的关系："孙权为备攻合肥。"

曹魏几乎是拿孙权当刘备的部将看待，这让自诩为赤壁之战主角的江东方面极为尴尬，相当不满。

因为孙权从来都是把自己当主演的，谁承想被人当群演，这个期望与现实的落差有点大。

别人不给排面，那就自己吹。

站在江东的立场，赤壁之战中他们才是孙刘联军的主角，赤壁的第一场火是他们放的，水战是他们打的，出兵最多的也是他们。

但曹魏方面不是这么想的，他们始终将刘备视为主要对手，将孙权看作刘备的跟班。虽然孙权不情愿，但他当时的名望比刘备确实差着十万八千里。

刘备当时的官职是左将军豫州牧；孙权的官职是讨虏将军会稽太守。

刘备纵横四海二十年，威名远播，声望显赫。相比之下，孙权相当于路人甲，几乎刷不到存在感。

孙权愿意与刘备联合，其中一个重要原因也是因为刘备有威望，孙权缺的就是声望。

刘备是当今英雄，四海归心，但他此时还缺少实力。

一个有实力缺乏知名度，一个声名远播但缺乏实力，双方各取所需，优势互补，才有孙刘之间的联盟。

借荆州

——成也荆州败也荆州

赤壁之战后，曹操北还。孙刘两家在荆州开始抢地盘大赛。周瑜率军渡江北上围攻江陵。刘备领兵南下收复荆南四郡。

刘备的优势是显而易见的。他在荆州的这八年表面看似平淡，好像虚度了光阴，其实，刘备过得相当充实。

刘备在这些年里广交荆州豪杰，与荆州许多地方大族建立起深厚的紧密关系，而所有这些都是在刘表的猜忌防范下取得的。

刘备，一个志在匡扶汉室的英雄，怎么可能甘于平庸。八年来，他都在默默努力，而现在是收获的时候了。刘备在荆州有着一呼百应的人望。

而且，刘备在荆州还有一个孙权不具备的优势。此次南下，刘备是以刘琦的名义进兵。刘备上表以刘琦为荆州刺史，子承父业，因为刘琦是刘表的儿子。他以刘琦为号召，名正言顺，江东方面也挑不出毛病。赤壁之战，刘备亲自上阵，征战沙场，战后自然要分得胜利果实。

刘备所到之处，四郡望风归降，武陵太守金旋、长沙太守韩玄、桂阳太守赵范、零陵太守刘度先后归顺。庐江营帅雷绪率部曲数万口也来投奔刘备。

赤壁之战后，刘备任命诸葛亮为军师中郎将负责征调零陵、桂阳、长沙三郡赋税以补充军需。能收税就意味着，刘备对三郡的大部分地区已经拥有实际的控制权。漂泊十年后，刘备再次获得了一块稳定的地盘。

但荆南四郡并不能让刘备满足，刘备的目光随即北移，定在南郡。

刘备已经收取荆南四郡，在他率军北上后，才发现周瑜还在江陵城下啃城砖。

刘备很乐意看周瑜出丑，但他更想要江陵，此时出兵相助，过后谈判分地盘的时候才能占据更有利的地位。

赤壁之战，孙刘组成的是联军，但这个联合有点名不副实，因为双方的配合相当有限，从头到尾基本是各打各的。

赤壁大战，水战是周瑜打的，陆战是刘备指挥的。战后，周瑜北上进攻江陵，刘备南下收取四郡。

孙刘联军，刘备亲自领兵。孙权方面实际的指挥是周瑜。如果需要一个总指挥，那当然只能是刘备，但很显然，周瑜不会听刘备的。所以，赤壁之战，孙刘只是松散的联合，双方各自指挥自己的部队，各自为战。

周瑜对刘备的仇视程度甚至超过曹操。刘备自然也很反感周瑜的嚣张跋扈。他们之所以还能维持表面的合作没有翻脸，那都是鲁肃的功劳。因为鲁肃是他们都信任的人。

周瑜在临死前向孙权推荐鲁肃接班。刘备在等来周瑜的援军时首先想见的也是鲁肃。

周瑜在江陵城苦战一年也未取得进展，一方面证明，曹仁守城很有水平，另一方面也说明，周瑜的陆战很拉胯。周瑜的能力仅限于水战，一旦上岸就原形毕露。周瑜丢人现眼的时候，刘备并未袖手旁观看周瑜的笑话，虽然他心里很想这么做。

刘备派大将关羽在长江以北的襄阳与江陵之间做起曹操最爱干的事儿：劫粮。

曹仁面对周瑜的围攻颇为不屑，很淡定，守城也很从容，因为他找不到紧张的理由，以周瑜的菜鸟水平，他能守上十年。

然而，很快，曹仁就坚持不住了。

关羽在襄阳以南江陵以北的汉水流域十分活跃，逢粮必抢。江陵城里的粮食很快告急，曹仁不怕周瑜攻城就怕关羽劫粮。不久，曹仁被迫突围北撤。灰头土脸的周瑜才终于进入江陵城。

赤壁之战后，论功行赏，孙权以周瑜领南郡太守，屯兵江陵；以程普领江夏太守，驻守沙羡；以吕范领彭泽太守，屯驻柴桑。

八年前，孙策夺取江东六郡任命的太守都是孙氏宗亲与随从旧部，连程普、周瑜、吕范这类重臣得到的待遇也只是遥领。直到此时，周瑜等人才被实授太守。

然而，江东众多功臣中最风光的人却是鲁肃。

赤壁捷报传到江东，群臣一片欢呼，当然最高兴的是孙权。赤壁之战改变了很多人的命运，如刘备、诸葛亮、鲁肃，也包括孙权。

周瑜还在前线，鲁肃先行归来。孙权为表彰鲁肃的功绩，举行了隆重的欢迎仪式，特意派众将列队相迎。

孙权此举是有意抬高鲁肃的地位，在群臣面前帮助鲁肃树立威信，为之后提拔重用鲁肃做好准备。

排场搞得这么大，孙权的目的当然不止于此，他这也是在树

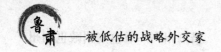

立自己的权威。

虽然八年前，孙权就已经是江东之主，但孙权自己最清楚，那时的他，名不副实，有那么多人看不起他，质疑他的执政能力。那些部下佩服的是张昭，服从的是周瑜，对他只是表面上的顺从，不是真心拥戴。

孙权这些年也很努力，他想用实际行动、用辉煌的战绩证明自己。而赤壁之战是最好的例子，孙权可以吹一辈子。

之前，那么多人主降；孙权力排众议重用周瑜信任鲁肃，以少胜多，击退曹操。孙权不仅使江东转危为安还将势力深入荆州。

战前，主降派有多嚣张，战后，就有多狼狈。孙权高规格迎接鲁肃，这招相当之狠，这既是对鲁肃的表彰，更是当众狠狠羞辱那些主降派，尤其是主降派的代表张昭，政治地位从此一落千丈，不久即退居二线。

孙权凭赤壁之战的决策部署选将用人，全面展现了他的军政才能。从这时起，孙权不用生活在张昭、周瑜的阴影下，他可以充满自信地告诉所有部下，他是真正的、名副其实的江东之主。

而帮助孙权扬眉吐气的大功臣鲁肃，自然要重点表彰，以此激励更多的部下为他卖命。

鲁肃被一路远接高迎，引入大殿。正当鲁肃准备对孙权行君臣答拜之礼时，孙权主动起身还礼，笑着对鲁肃说："子敬，我将来亲自为你扶鞍下马，足以彰显对你的礼遇吗？"鲁肃却上前说："即便如此，也还是不够。"在场众人听了都十分惊愕。大家都认为鲁肃肯定是精神失常了。不然，怎么会有这么大的胆子，敢如此猖狂。众人震惊之余也为鲁肃担心，但他们实在是多虑了。

鲁肃这么说是在为接下来的话做铺垫，营造氛围。而孙权一点也不恼，以他对鲁肃的了解，他知道鲁肃肯定还有更重要的话要说。

这对君臣多年来彼此已经形成足够的默契。

果然，入座之后，鲁肃慢慢说道："愿您总括九州，成就帝业。到那时，您再派安车驷马来接鲁肃，那才是真正有面子呢！"鲁肃的言下之意是让孙权建号称帝。孙权听了抚掌欢笑。这种笑是发自内心的愉悦，也是孙权真实情感的表露。虽然作为资深政治老油条，孙权精于逢场作戏，但他也是人，也有情感。他与鲁肃的君臣之谊是在患难中建立的。

如果说八年前的榻上对策，鲁肃对孙权所说的理想蓝图还是那么遥不可及，那么现在，至少已经有了实现的基础。胜利成果来之不易，对孙权如此，对鲁肃也是，因为这八年，他们过得都不容易。孙权谨小慎微，时常还要看张昭的脸色。鲁肃更是被张昭等人打压，来江东这么多年身份却还是宾客，其中的甘苦也只有他自己知道。

随着赤壁之战的胜利，他们终于可以不用再受制于人，可以专心做事，放手去干。

孙权成为真正的江东之主，他再也不用生活在张昭、周瑜两个辅政大臣的阴影之下，赤壁之战使孙权的行政决策能力得到全面展示。多年的质疑烟消云散，孙权用事实证明他可以胜任这个位置。孙权从此开启他的新的执政生涯。

鲁肃的政治地位在战后也迅速得到提升并日渐稳定。赤壁之战只是孙刘联盟的开始，战后双方的合作只会更多，涉及的事情方方面面，三足鼎立的轮廓经过这场以少胜多的著名战役已经渐渐成型，未来需要鲁肃的地方也会更多。维护联盟促进双方的深入合作，将是鲁肃的主要工作。鲁肃将要担负起更多的责任，相应他的权力也会更大。他的作用越大，他的地位就会越高，但同时他要承受的压力也会更多。

鲁肃是众所周知的联合派，他的压力其实主要源于自己人，比如他的知己至交周瑜。他们在抗曹的立场上是一致的，但对于联合刘备，周瑜是持保留态度的。

当外敌被赶走，这种矛盾便立即显现出来。但周瑜在战后的举动似乎有向鲁肃靠拢的迹象，表现在周瑜居然分地给刘备。这实在过于反常，与周瑜平日的言行充满矛盾。江东人都知道，周瑜是将刘备视为潜在对手的，怎么会突然转向，主动分地盘给刘备？

原来周瑜在攻占江陵不久即被孙权拜为偏将军领南郡太守。周瑜随即将南郡长江以南的土地"分给"刘备。周瑜怎会如此"慷慨"，这明显不是周瑜的风格。

看似反常，其实正常，因为刘备、关羽都参与过围攻江陵之役，南岸土地应该是刘备自己占领的。周瑜只不过是对既成事实的承认，以他的为人怎么会主动分地给刘备。

周瑜的举动其实说明了一个被很多人忽略的事实，那就是孙刘双方在战后抢夺荆州的过程中彼此的地盘是犬牙交错的。

刘备在长江南岸的油江口立营，之后在此筑城改名公安作为

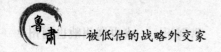

大本营。

赤壁之战是孙刘双方的联合作战，水战是周瑜打的，但陆战主要是刘备打的。具体到江陵之战也是如此，周瑜率部围城，刘备、关羽在外围作战，战后，双方以自己在战役过程中的投入分配地盘。

刘备占领的荆南四郡以及南郡的南岸土地是自己在战场上获得的，不是周瑜分的。

接下来要讨论的就是历史上聚讼纷纭的"借荆州"。

赤壁之战后直到刘备入川是孙刘的蜜月期，这个蜜月是名副其实的蜜月。

孙权出于巩固孙刘联盟守住赤壁战果的考虑，主动将自己的妹妹嫁给刘备。双方结为秦晋之好，关系日益紧密。

当时，孙权还不到30岁，他的妹妹更小，估计也就20出头，而刘备已经到了知天命的年龄。这又是一个典型的政治联姻。

刘备迎娶孙小妹不是老牛吃嫩草而是彼此需要的双赢。

孙权长期以来的名望、官职都低于刘备。双方既然是合作，官衔也应对等。而左将军豫州牧刘备对上讨虏将军会稽太守孙权，明显不协调。孙权急需提升自己的官职，但他又不是曹操，玩不了挟天子盖图章的把戏。自己提拔自己，孙权的脸皮虽厚但也还未到那个程度，最好是有声望名位的人上表推荐。

最合适的人选当然是刘备，但孙权又不好主动开口。刘备不愧是历经江湖的豪杰，极会做人。

刘备很明白孙权的心思，主动上书表奏孙权为车骑将军，领徐州牧。车骑将军在汉代仅次于大将军、骠骑将军，级别还在刘备的左将军之上。在做人这点上，刘备从未令人失望过，而刘备推举孙权做徐州牧，还有更深层的含义。那就是刘备希望孙权向徐州所在的江淮地区发展。孙权当然也懂刘备的心思。不久，刘琦病死，孙权投桃报李推举刘备领荆州牧。

尽管刘备占据荆南四郡，但荆州的局势依然对刘备不利。因为周瑜在荆州的布局与其说是防御曹操不如说是在压制刘备。

周瑜在兵力有限的形势下，以主力征战江北，但依然利用其水军优势在荆南构筑对刘备的战略包围。

荆南即今天的湖南，水网发达，以洞庭湖为中心，有沅、湘、澧、资四大水系，澧、沅流经武陵，湘江经长沙入桂阳、零陵，资江经长沙入零陵。

周瑜利用水军优势控制了洞庭湖，而掌控洞庭湖就相当于控制了四大水系，掌控了四大水系就能在荆南四郡来去自如。江东占据着长沙郡北部的洞庭湖地区，刘备只有长沙郡的南部，而且还在江东水军的威胁之下。江东从东面对荆南四郡形成事实上的封锁。

荆南本就是荆州经济不发达地区，还被江东水军封锁，南面是更荒凉的交州。向南发展并不是好的选择，东面是孙权的江东六郡，那里是友军的地盘，至少暂时是合作关系。西面是益州刘璋的地盘，重山阻隔，联系的通道是长江水道。北面的江北是荆州的繁华地区，江南四郡的人口加在一起也比不过江北的一个南郡。

此时，江北南郡的郡治江陵城在周瑜的控制之下，这就意味着，刘备在荆南实际上处于四面受困的不利局势。

刘备被周瑜封堵在长江南岸，过得很是憋屈。但其实，周瑜的日子也不好过。

周瑜在占据江陵的同时又攻占夷陵，整个荆州水道都已被江东控制。占领区扩大也意味着防区的扩大，以周瑜有限的兵力要防守从夷陵到镇江的数千里长江防线明显是捉襟见肘。

在曹操占据兵力优势的情况下，周瑜的长江防线几乎处处都是漏洞，防不胜防。

而刘备被封锁在江南，虽然发展受限，却可以躲在周瑜背后，很安全。曹操的任何攻击只能对付周瑜，丝毫触及不到刘备。

周瑜等于帮刘备在北面挡枪。曹操在北，刘备在南，周瑜则成了肉夹馍。

刘备跟周瑜都对现状不满意，他们都在寻求改变，使局势向有利于自己的方向发展。

最先采取行动的是刘备。此时，孙刘尚在蜜月期，关系融洽，刘备决定亲自去江东找大舅哥孙权借地。刘备要借的是南郡，准确地说是江陵。刘备的理由是刘表的旧部在赤壁之战后都来投奔他，而他现在的地盘很小，不足以容纳刘表旧部。荆州的精华在江北的江陵。刘备请求孙权将南郡借给他，这就是大家耳熟能详的"借荆州"。而鲁肃在其中发挥了极其重要的作用。

鲁肃与周瑜在战略上的冲突也因此事被公开化，这是鲁肃不愿看到却又不得不面对的事情。

周瑜听说刘备去江东借地，当即上疏孙权说："刘备乃当今枭雄，又有关羽、张飞熊虎之将为之羽翼，若任其发展，他日必为江东大敌。以在下愚见不如将其控制，在江东大筑宫室，多以美女玩好，娱其耳目；将刘备与关羽、张飞各置一方，然后率关羽、张飞攻城野战，大事可定。如果割地资助刘备使其壮大，聚此三人在疆场，如蛟龙入海，久后不可复制。"亲信旧臣吕范也劝孙权趁机扣押刘备。

《三国演义》里周瑜总想设计陷害诸葛亮，而在真实的历史中周瑜想害的人一直都是刘备。在周瑜看来，刘备来江东是自投罗网，机会千载难逢。

但孙权未听从周瑜的建议，周瑜的计策暴露了他在战略上的浅薄。周瑜妄图扣押刘备还想要指挥关羽、张飞，简直是痴心妄想。

三足鼎立的格局关键在于孙刘两弱抗曹操一强。刘备若是被扣押，孙刘联盟即宣告瓦解，关羽、张飞不但不会听周瑜的指挥，还会找周瑜拼命救回刘备。那就意味着孙刘反目战事开启，最希望看到这个局面的是曹操。孙刘鹬蚌相争，曹操就会渔人得利。

孙权只要头脑未发昏思维还正常就不会这么做。扣押刘备，孙刘都将蒙受重大损失，最大的赢家只有曹操。孙权是不会干亲者痛仇者快的蠢事的。只有周瑜这类疯狂又愚蠢的人才会想出这么不可理喻的计划。孙权当即否定了周瑜的建议，现在最大的敌人是曹操，江东需要联合刘备共同对抗曹操。以江东现在的实力独自与曹操抗衡显然是力不从心的，联合刘备符合江东的利益。

孙权联合刘备的立场是坚定的，当然这也是受到鲁肃的影响。鲁肃深知只有孙刘联合，才能实现三足鼎立，江东才能稳固，也才能对外发展。

以刘备目前的实力不会对江东构成威胁，以刘备同曹操的关系，刘备必然是孙权的坚定盟友。

赤壁之战，孙权已经同曹操闹翻。孙权向北欲夺徐州，向西想取荆州。这就注定，孙权要与曹操为敌。

在孙权决策的背后，最大的支持者是鲁肃。否定周瑜的扣押计划既是孙权的决定也是鲁肃的意思。

孙权在战略上可与之商谈的谋臣只有鲁肃，别人达不到他们的高度。周瑜、吕范贪图小利鼠目寸光，只看到扣押刘备的当前小利却看不到扣押给江东日后带来的巨大危害。孙权采纳鲁肃的联合刘备共同抗曹的建议已经可以说明其在战略上的水平。孙权能成就帝业不是偶然，重要转折就是赤壁之战的孙刘联合，而助

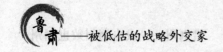

孙权成其大业的谋臣就是鲁肃。

在孙权的群臣之中对其影响最大的人是鲁肃，而鲁肃最大的贡献是促成孙刘联盟并长期努力地维护。

蜀汉与东吴的立国基础都源于赤壁之战，这场战役是两国的立国之战。如果失败，刘备只能南撤，而孙权也将步刘琮的后尘，曹操将很快席卷全国。战胜的刘备才能在荆州立足。同理，打赢战争的孙权才能摆脱投降危机并顺势掌握江东军政大权不再受辅政大臣的束缚，稳固其在江东的统治。

赤壁之战有多重要呢？这场战役确立了三国鼎立的基本格局。

而赤壁之战的重点不在战役而在孙刘的联合。因为孙刘双方中的任何一方在单独面对曹操时都没有取胜的把握，正是他们的联合才打开胜利之门。

江东方面促成联合的功臣就是鲁肃。

刘备方面的首席功臣是诸葛亮。

十余年后，蜀汉建国，诸葛亮成为蜀汉的开国功臣也是首位丞相。

如果鲁肃不是过早病亡，以他的功劳也可能会是东吴的开国丞相。

可以想见，当鲁肃听说周瑜的疯狂计划时肯定是坚决反对的。相比周瑜，孙权对鲁肃更加亲近也更为信任。

孙权与来访的刘备进行了亲切友好的交谈，双方就共同关心的话题进行了深入而又坦诚的交流并达成广泛共识。双方一致认为应保持沟通加强联系深入合作。

然后，刘备就结束访问回荆州去了。

孙权既未扣押刘备也未"借荆州"。

孙权不扣押刘备是维护联盟的需要，也是对鲁肃的支持，因为大家都知道鲁肃是联合派，但同时，这又是对周瑜的否定。周瑜是江东重臣，孙权需要考虑周瑜的感受。孙权没有立即同意借江陵给刘备显然是顾及周瑜，此时的周瑜就驻军南郡。否定周瑜的计划又要将周瑜辛苦打下的江陵城借出去，孙权显然不会这么干。众所周知，鲁肃是主张借地给刘备的。孙权应该也是同意的，但出于安抚周瑜的需要，孙权只能将事情推迟。

刘备的江东之行其实收获还是很大的。如果不是因为周瑜，借江陵的事情几乎就谈成了。前期的谈判应该很顺利，大量基础性的工作也在此时完成，因为周瑜死后，双方很快就达成借江陵

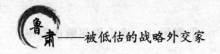

的协议并付诸实施，如果不是之前准备充分，不会这么快就执行。

刘备在江东访问时并不知道周瑜的扣押计划，事后，回到荆州，刘备才通过情报得知周瑜的险恶用心，不禁心生后怕，差点就遭周瑜的毒手。刘备感叹道："天下智谋之士，所见略同。当时孔明就曾极力劝阻我不要去江东，顾虑的就是这层危险。只是情势危急，我不得不亲往江东与孙权面商机宜。"

刘备的江东之行虽有冒险的成分，但其实并不危险。刘备也是充分考虑到各方面因素，权衡利弊之后才做出的决定。

刘备认为在孙刘联盟的大背景下，孙权需要联合他抵抗曹操，不会做出违背同盟的举动。孙权不是周瑜，他有缜密的思维和长远的考虑，政治家不会感情用事、要顾全大局。

但刘备此行确实依然存在风险，因为人的因素有不确定性，万一孙权真听信周瑜的话扣押刘备，那就糟了。

诸葛亮虑事万全，谨慎周密，担心刘备的安全也是很正常的。

而刘备在不知周瑜图谋的情况下，也挖了一个坑给周瑜。刘备从江东返回荆州时，孙权带着张昭、秦松、鲁肃等人为刘备践行。

酒席宴上，张昭、鲁肃先后借故出去，只剩刘备与孙权两人。这时刘备看似漫不经心地感叹，公瑾文韬武略真是当世英才，观其志向，恐不会久居人下。

刘备跟周瑜在互不知情的情况下，如此默契地黑对方，也真算是"心有灵犀"。

两人之间的仇恨由来已久，从战前周瑜当面羞辱刘备，到赤壁之战双方一个打水战一个打陆战各打各的，再到战后双方彼此给对方挖坑。刘备与周瑜从头到尾都是对立的，如果不是鲁肃居中调解，双方的矛盾迟早要发展到武装冲突。

周瑜一计不成，又生一计。

刘备走后，周瑜来见孙权，要求领兵西征取蜀，事成之后，再北上襄阳，进攻曹操。

周瑜表面是取蜀为孙权开拓疆土，实际上这个计划仍然是针对刘备的一个阴谋。

因为攻占蜀地后，孙权方面就可以全据长江之险与曹操南北对峙，如此就是南北对抗而不是三足鼎立了。

被封锁在长江以南的刘备将全面陷入周瑜的包围。

周瑜的西征是醉翁之意不在酒，他在乎的只是刘备。

他始终不肯放弃陷害刘备。

孙权对周瑜的图谋心知肚明，但这个计划在表面上很贴心也极具进取精神，孙权找不到反对的理由。

因此，尽管孙权明知这个计划漏洞百出不具任何可行性但依然批准了周瑜的西进计划。

但周瑜再也没有实施计划的机会了。

周瑜在返回江陵的路上死在巴丘。

临死前，周瑜给孙权写了最后一封信："方今曹操在北，疆场未静，刘备寄寓，有似养虎，天下之事，未知终始，此朝士旰食之秋，至尊垂虑之日也。鲁肃忠烈，临事不苟，可以代瑜。人之将死，其言也善，傥或可采，瑜死不朽矣。"

尽管周瑜与鲁肃在对待刘备的事情上彼此对立，但周瑜在死前还是向孙权推荐鲁肃，从这点上看，周瑜还是有可取之处的。

赤壁之战前，周瑜与鲁肃都坚决主战，那是他们合作的巅峰也是他们分道扬镳的起点，因为随着孙刘联盟的形成，两人之间产生了裂痕。

一个主张压制刘备，全据长江，与曹操隔江对峙；一个主张联合刘备，三足鼎立，与刘备共同抗曹。周瑜与鲁肃的政见南辕北辙，他们又都坚持自己的主张。

鲁肃很痛苦，为了江东的长远利益，他只能做周瑜的反对派。

其实，孙权在中间也是左右为难。他需要周瑜的武略也需要鲁肃的文韬。尤其在"借荆州"的事情上，他既要顾虑周瑜的感受又要兼顾鲁肃的建策。周瑜、鲁肃政见不同，但出发点都是为他好。

孙权只能一面安抚周瑜一面勉励鲁肃，很是辛苦。

周瑜死后，孙权即拜鲁肃为奋武校尉接替周瑜领兵。周瑜的四千部曲、四县封邑也都归属鲁肃。

建安十五年（210），新官上任的鲁肃做的第一件事就是劝说孙权将长江北岸的江陵借给刘备。

因为刘备与鲁肃的前期工作做得十分到位，孙权在反复权衡利弊之后，终于同意。这项决策对孙刘双方而言都影响深远。

对刘备而言，江陵来得真是及时，因为就在第二年，他就收到刘璋的入蜀邀请。如果江陵不在刘备手上，他只能错失良机，但现在不同了。刘备北上西进的通道都已打开。

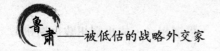

刘备借到的不只是一座江陵城，而是向外发展的机会。如果周瑜还在，刘备是肯定得不到江陵的，而且以周瑜的为人，刘备也不会轻易获得入蜀的机会。

孙权同意借地给刘备当然不是他多喜欢刘备，而是不得不如此。

孙权何尝不想如周瑜所说进入蜀地全据长江，可是实力不允许。

周瑜的死对孙权是巨大的打击，荆州方向的防守压力陡然增加。以孙权现在的兵力很难同时兼顾数千里的长江防线。

周瑜的战略水平虽不如鲁肃，却是江东第一名将，有他坐镇荆州，还能勉强应付来自北面的威胁。

鲁肃的军事水平远不及周瑜，在兵力有限的情况下，拉上刘备分担防守压力是最现实的选择。孙刘联合是因为实力不足。鲁肃主张借南郡给刘备也是基于相同的理由。孙权、鲁肃"借荆州"给刘备都是在现有条件下的最优选择，他们也不想借，但只能选择联合刘备。

孙刘在赤壁联合作战是双赢，孙权"借荆州"给刘备也是互惠互利。

鲁肃的优势是战略，攻城野战非其所长，将南郡借给刘备，荆州的防守压力也同时转移给刘备，他的压力就减轻许多。

刘备得到南郡解除封锁可以利用长江水道西进实现隆中对的目标。

双方各取所需。鲁肃接防后最初入驻江陵。在双方完成交接后，鲁肃随即退往下游的陆口。孙权从长沙郡中分出北部新设的汉昌郡，以鲁肃为汉昌太守。

虽然江东方面借出南郡但留有后招，他们还占据着洞庭湖，从这里出发利用水军可以通向荆南四郡，沿江而上可以直通江陵。鲁肃屯兵陆口又有水军优势，对荆州仍有相当的控制能力。

鲁肃希望刘备将兵力向北投入与曹操对抗，这才是他力主借荆州给刘备的初衷。刘备虽然很感激鲁肃，但这种情感仅局限于私人友谊。他不准备按鲁肃设定的剧本走。

事实上，刘备有他自己的剧本，这个剧本三年前诸葛亮就为刘备写好了。

整个剧本的关键词主要就是四个字：跨有荆益。鲁肃希望刘备北上，但刘备想的却是西进。

本来西进益州的路并不好走，但赤壁之战后的刘备时来运

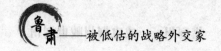

转，运气终于开始眷顾刘备了。

建安十六年（211）冬，益州牧刘璋主动向荆州牧刘备发出邀请。这在刘备看来当然是千载难逢的机会，刘备立即答应，欣然率军入川。

如果在一年前，刘备还出不去。但因为有鲁肃的提议，刘备借到江陵，大军从这里出发，踏上西进之路。刘备终于在他50岁的时候迎来事业的转机。而鲁肃对刘备的帮助还不止于此。

刘备将诸葛亮、关羽、张飞、赵云都留在荆州，这里是他的大本营，不容有失，他起家的班底基本都留守荆州。

刘备这次去益州带的是他新组建的班子，清一色的荆州人。

刘备的随行军师是荆州襄阳人庞统，领兵大将是荆州南阳人黄忠、魏延，士兵也大多是荆州本地人。

周瑜死后，他在南郡的荆州旧部大多归附刘备，这其中就包括庞统。

之前庞统的身份是南郡太守周瑜的功曹。东汉以来的政治潜规则，太守都是上面派下来的，而太守的副职功曹主要由本地大族的人担任。周瑜起用庞统只是遵守这个政治传统。

刘备入主南郡后，庞统的新身份是桂阳郡下属的耒阳县的县令。

从南郡功曹到耒阳县令是降级。

从繁华富庶的政治经济中心江陵到偏远的南方小县耒阳等同于发配。

庞统对这个新任命自然心有不满，表现在工作上就是消极怠工。而刘备听说庞统的表现后也很不客气，直接罢免，嫌官小，还不给你了呢！

此事直接引发两位重量级官员的介入，刘备的军师中郎将诸葛亮与孙权的奋武校尉鲁肃。两人同时向刘备求情，表示庞统是难得的人才，不仅不能罢黜还应加以重用。

诸葛亮是刘备方面赤壁之战的首功之臣。鲁肃是江东方面的有功之人而且刚刚劝说孙权借江陵给刘备。他们出面讲情，这个面子刘备必须给，而且还要给足。刘备当即召见庞统，与之面谈。两人相谈甚欢，可谓一见如故。刘备随即任命庞统也做军师中郎将，待遇尊宠仅次于诸葛亮。

庞统的低开高走看似只是一个微不足道的小插曲，然而，事情并非表面呈现的那么简单。

庞统在荆州的知名度很高，司马徽就将庞统称之为南州士之冠冕。司马徽当初向刘备推荐人才只推了两个人：伏龙凤雏，诸葛亮与庞统。因此，刘备早就知道庞统，以庞氏在荆州的地位，刘备不可能不清楚庞统的身份背景，甚至可以说，刘备与庞统之前虽素未谋面但早知其人。

庞统是可与诸葛亮并驾齐驱的名士，从之后刘备给庞统的礼遇也能看出这一点。

既然如此，刘备为何明知庞统的身份地位却在开始时给庞统那么低的待遇？答案是，刘备是故意的。

刘备就是要给庞统来一个下马威。刘备这么做不仅是给庞统一个教训，也是做给荆州那些随风倒的墙头草看的。

虽说大多数时候地方豪族都不会追随诸侯走，谁来就奉谁为主。豫州陈群、徐州陈登也都未追随刘备。

但荆州的情况稍有不同。赤壁之战前，以诸葛亮为代表的名士就已经加入刘备阵营。待刘备南下襄阳，很多荆州士人甚至包括刘琮身边的亲信都舍弃刘琮追随刘备撤退。但也有不少人不为所动，曹操来了降曹，孙权来了降孙，就是不肯随刘备南撤。刘备对这些人颇为不满，庞统就是典型代表。

刘备虽然深知要在荆州立足必须与荆州大族深度绑定，紧密合作，但还是有必要敲打敲打那些墙头草。当然，这种教训要适可而止，当诸葛亮、鲁肃为庞统求情时，刘备见目的达到也就见好就收了。

冰释前嫌之后，刘备与庞统曾有过一次深谈，话题还是与"借荆州"有关。刘备问庞统，听说我去京口见孙权时，周瑜主张扣押我，你现在是我的人了，可以实话实说。庞统也未隐瞒，说确有此事。刘备不禁感叹，当初诸葛亮再三劝阻，劝我不要去，他就猜到周瑜会对我不利。我又何尝愿意冒险，只是局势所迫，不得不以身犯险。我是想曹操尚在北方，孙权还需要我与之联合抗曹，故明知此行风险难测，仍执意前往，现在想想也是后怕，险遭周瑜毒手。

刘备这一生多次身临险地，但每次都能化险为夷，原因还是在于他的能力。吕布曾想杀他，但刘备仍去投奔。因为刘备知道他对吕布有用，吕布需要联合他对付袁术。曹操也曾对刘备起过杀心，但刘备还是去投奔曹操。因为刘备知道，他对曹操有用，曹操需要他对付吕布、袁术。刘备知道周瑜居心不良，但他依然去见孙权，因为刘备知道，他对孙权有用，孙权需要他对付曹操。

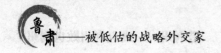

鲁肃为庞统求情背后的原因也不简单。

庞统开始在刘备那里受到冷遇显然是受到周瑜的牵连。刘备痛恨周瑜，连带着对周瑜的下属一起讨厌。

其实，庞统投靠周瑜也是没有办法，为家族利益，他们不敢得罪南郡太守周瑜，这个功曹不想当也得当。

庞统家族是因为做过江东的官而受到刘备的区别对待。这才是鲁肃插手的真正原因。

庞统家族只是典型，在周瑜当南郡太守期间，与江东有过联系的荆州地方豪族想必不在少数。如果他们都因此被刘备报复而利益受损，鲁肃是不能接受的。

因为刘备此举表面是针对与江东有过关联的荆州豪族，实质上也是对江东的不友好行为，甚至可以说是充满敌意的政治行动。

而鲁肃是主张孙刘友好的，希望孙刘双方能够深度合作，更重要的是，"借荆州"这件事是在他的主持下完成的。庞统等人遭受冷遇，也有鲁肃的原因。因为坚持将南郡借给刘备的是鲁肃。因此，在鲁肃看来，他有责任为受区别对待的荆州家族说话。

促使鲁肃介入此事的更关键因素还是一个"借"字，因为江东方面只是暂时"借荆州"给刘备，等到时机成熟的时候，借出去的荆州是要收回的。虽然刘备当初借南郡的时候就没打算还，刘备的借是只借不还的那种借，但鲁肃不会这么想。

南郡是在他的主张下借出去的，自然要在他的任上收回，这大概就是鲁肃的想法。

鲁肃是将荆州看作自己的防区，只是暂借给刘备，如果荆州豪族因为他受到牵连，鲁肃的脸面也是不好看的，将来他回到荆州如何面对这些荆州地方豪族？鲁肃正是基于这种考虑才插手此事为庞统说情。

刘备对鲁肃多少是心怀愧意的，因为他知道自己这次能从孙权手上借到南郡，准确地说是江陵，鲁肃是出过大力的。江陵对刘备有多重要，不须多说。

刘备自己最清楚，他从开始借的时候就未打算还。这就坑了鲁肃。

当初是鲁肃来荆州劝说刘备与孙权联合，给处于困境的刘备带来希望。赤壁之战孙刘联军取胜扭转危局，迫使曹操退回北方，刘备才能在荆州立足，也才有后来的率军入蜀跨有荆益。

而刘备不还南郡的话，多少有点恩将仇报的意思。刘备这辈子以宽德仁厚著称，所到之处深受士大夫支持，百姓拥戴，但人在江湖也有身不由己的时候，遭逢乱世，转战四方，自然要用到计谋。

刘备不喜欢也不想骗人，但为兴复汉室，也有不得已而为之的事情。刘备为人做事很地道，从私人感情上说，他这辈子对不住的只有两个人：一个是邀请他入蜀的刘璋；另一个就是主张"借荆州"给他的鲁肃。

不管庞统是否有大才，只要鲁肃开口，刘备都会重用庞统。在涉及重大利益如南郡的归属上，刘备不会轻易让步，但在小事情上，他会尽量满足鲁肃的要求。

当刘备与庞统做过一番深谈后，刘备发现庞统确实是个人才。于是，刘备对庞统加以重用，这对刘备与鲁肃而言都是好事，又是双赢。

刘备既照顾到鲁肃的面子又得到庞统这个难得的大才，他才是大赢家。

刘备率步兵数万入川，为实现跨有荆益的目标稳步前进。

得知消息的孙权第一反应却是派人接回自己嫁到荆州的妹

妹，这是一个危险的政治信号，预示着孙刘蜜月期的结束。孙刘联盟在"借荆州"之后刚刚达到高潮却因为刘备的带兵入蜀而迅速跌入谷底。

孙权将妹妹接回娘家，就是以此表达对刘备的不满，而最尴尬的人就是鲁肃了。

孙刘合作是为对抗曹操，这是孙刘联合的基础。但孙刘之间也有矛盾，当他们面对北方曹操的威胁时能够团结抗敌，但当他们将目光移到南方时，他们的冲突就变得不可避免，只因为他们对地盘的争夺。刘备与孙权争夺的不仅有荆州还有益州。

赤壁之战结束后，周瑜趁势派甘宁攻占夷陵，这是通向益州的大门。本来周瑜已经抢占先机，争得入蜀的优先权，但江东方面还在消化赤壁战果，还未做好入蜀的准备。周瑜明显操之过急，而且他当时的实力也不允许。

与后来的刘备相比，周瑜存在很多劣势：

一是战线过长，兵力不足；赤壁之战时，孙权也才交给周瑜三万人，连五万军队都凑不出来，即使战后实力有所增强，周瑜的部队数量仍然有限，能守住荆州已很勉强，抽不出足够的部队去远征蜀地。益州刘璋的总兵力不在江东之下，且是本土作战，以逸待劳。本就陆战拉胯的周瑜在面对占据地利又兵力占优的蜀军时没有任何胜算。

二是曹操威胁仍在，周瑜不能久离防区；曹操只是暂时退去，主力损失不大，随时可能卷土重来，周瑜需要坐镇荆州防守，扬州方向也必须加强防备。长江防线离不开周瑜的水军。刘备取蜀历时三年，这还是刘璋主动邀请的结果。周瑜是强攻，至少要用两三年，这么长的时间，曹操不会按兵不动乖乖配合。

三是孙权对周瑜有所防备不是充分信任。孙权明知周瑜与程普不和，赤壁之战时却让程普做周瑜的副手，险些误事。孙权的安排摆明是不信任周瑜，利用程普来牵制周瑜。尽管在周瑜与程普的本传中将两人写得如廉颇跟蔺相如般和谐，但鲁肃的接班人吕蒙后来在与孙权的谈话中却不小心说漏了嘴。

赤壁之战十年后，鲁肃的继任者吕蒙准备袭取荆州。孙权又准备故技重施，令吕蒙与宗室将领孙皎分别担任左右都督。这下吕蒙不干了。吕蒙说出了当年周瑜跟程普闹矛盾的前尘往事。

吕蒙对孙权说："若至尊以征虏能，宜用之；以蒙能，宜用蒙。昔周瑜、程普为左右部督，共攻江陵，虽事决于瑜，普自恃久将，且俱是督，遂共不睦，几败国事，此目前之戒也。"

吕蒙这个武人说话相当直接，一点儿都不给孙权留面子，将孙权的那点儿小心思当面揭穿，让孙权很是下不来台。

吕蒙的话翻译过来大意就是：如果您认为孙皎行，那就用孙皎；如果您认为吕蒙行，那就用吕蒙。昔日周瑜与程普分别担任左右都督共同攻打江陵，虽然周瑜有决定权，但程普自恃老将，资历比周瑜深，且都是都督，故不服从周瑜的指挥，两人不和，差点耽误大事，这个教训要引以为戒啊！

孙权被下属当面揭穿把戏，估计当时要是有个地缝，他一定会钻进去。

身在官场，很多事情看破不说破，大家心里有数就好，不必说出来。吕蒙估计也是被逼急了，才口不择言，当面给孙权难堪。因为偷袭荆州事关重大，孙权与吕蒙都承担不起失败的后果，所以吕蒙才会这么说。况且当时孙权还要依仗吕蒙袭取荆州，正在用人之际，也不好翻脸。吕蒙也是因为这个原因才敢说真话。

吕蒙在情急之下说出了左右都督的秘密。孙权左右都督的安排纯粹就是对周瑜不放心、不信任。

孙权故意安排与周瑜有矛盾的程普一起领兵，这么明显的意

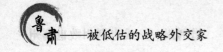

图，就差在脸上写上"我不信任你"几个字了。

周瑜这么聪明的人当然明白孙权的意思，所以他对孙权提出伐蜀建议的时候有意拉上宗室将领孙瑜，目的就是让孙权放心。

但是，以程普、孙瑜的水平要能牵制住周瑜的话，那周瑜就名不副实了。

如果周瑜有意割据自立，孙权也防不住。周瑜在荆州时实力的迅速壮大已经让孙权深感不安。

当时的周瑜手下尽是精兵猛将，又控制着荆州的南郡、江夏郡、长沙郡，虽然都只是部分地区，实力也足够令孙权担忧。

孙权是不会让周瑜单独率领主力部队长期远征在外脱离他的控制的。

虽然如此，但这不代表孙权对蜀地不感兴趣，他只是不放心周瑜，担心周瑜羽翼渐丰尾大不掉。其实，孙权对蜀地很感兴趣。他对益州的关注丝毫不比刘备低。

孙权知道很难越过刘备的地盘单独取蜀，于是他退而求其次，要求与刘备联合取蜀。

刘备召集部下商议对策，大多数人认为江东不可能越过荆州占有蜀地，不如答应，到时打下来蜀地还是咱们的。

但一个叫殷观的主簿表示反对，他说进攻蜀地，肯定是我们做先锋在前，因为咱们距蜀地更近，但是蜀地险要易守难攻，一旦攻击受挫，前有蜀兵堵击，后有江东封住后路，我们就进退两难了。不如答应孙权取蜀的提议，然后说我们新得荆州，不可轻动，不便出兵。孙权必不敢越过我们去取蜀地。

殷观揭开了孙权联合取蜀背后的阴谋。刘备对此深以为然，但他对殷观的赞同也就到此为止。刘备未采纳殷观的提议允许孙权越过荆州去蜀地。因为刘备比其他人更了解孙权，这个口子开不得，孙权不会放过任何图谋蜀地的机会。

刘备不同意与孙权联合取蜀，更不会允许孙权越过他的地盘单独去攻略巴蜀。因为在刘备的计划里，他早就将益州视为自己的地盘，决不会容许他人染指蜀地。刘备不答应联合取蜀，还"苦口婆心"地劝说孙权不要打蜀地的主意，说益州地险兵强并不好打，曹操一直想报赤壁之仇，千万不可轻举妄动。

孙权见联合取蜀的阴谋被识破，干脆撕去伪装，也不装了。孙权直接命令宗室将领孙瑜率领水军溯江而上准备越过刘备的防区单独攻蜀。

刘备对孙瑜说，如果你一定要去蜀地，我宁愿披发入山也不

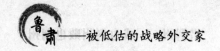

愿失信于天下。

与此同时，刘备令关羽屯兵江陵，张飞驻守秭归，他自己领兵进驻孱陵，将孙瑜的入蜀之路彻底封锁。

如果孙瑜要强行通过，双方的冲突将不可避免。孙权见刘备态度坚决，只好令孙瑜撤退。

因为北方曹操的存在，孙刘通过"借荆州"达成协议分担防守压力。双方在荆州的矛盾通过鲁肃借南郡给刘备刚刚平息，但仅仅过去一年，随着刘备的率兵入蜀，双方为争夺蜀地，纷争再起。

当孙权听说刘备带兵入川当即气得大骂刘备滑头。以孙权的智商他还不至于相信刘备对他说的那些话，两个人在取蜀的事情上其实是相互忽悠。

刘备能笑到最后，因为他的名气比孙权大，多年的抗曹经历，令刘璋对刘备的能力极为信任。同时，刘备的驻地荆州距益州更近，方便进兵，近水楼台先得月。

刘备的两大优势，孙权一个也比不过，只能眼睁睁看着刘备领兵去取蜀地，这才是他大发雷霆的原因。

刘备去益州名义上是去帮刘璋打张鲁的，但刘备对打仗一点也不上心，反而忙着在蜀地做群众工作。刘备的魅力自不必说，在徐州，多次被打散的队伍，只要刘备振臂一呼就应者云集。在荆州，数十万百姓自愿追随刘备撤退。刘备的仁义宽厚是实至名归，很快就在当地赢得拥护。刘备对打仗不感兴趣却忙着收服人心，刘璋供给荆州军钱粮却眼看着对方白吃白住不干活，在自己的地盘挖自己的墙脚，真是有苦说不出。

转眼一年过去，刘璋不由得开始怀疑刘备来益州的真正目的。刘璋也变得不淡定了。

刘备清楚事情不可再拖下去，夜长梦多，可与刘璋开战总要有个理由。

刘备恐怕自己也想不到，他的敌人曹操与他的盟友孙权"联手"紧密配合给刘备找到了一个十分充分的理由。

建安十七年（212）十月，曹操率军南征孙权，战场在东线的淮南。

赤壁之战四年后，曹操终于来报仇了。

其实，曹操早就想来了，只是这些年他一直都很忙，实在抽不开身。

建安十四年（209），淮南陈兰、梅成、雷绪叛乱。

建安十五年（210），并州太原商曜反叛。

建安十六年（211），关中马超、韩遂叛乱。

建安十七年（212），河间田银、苏伯叛乱。

建安十七年（212）的冬天，曹操正式开启他的"四越巢湖"征讨孙权的系列军事行动。

曹操的"四越巢湖"分别是建安十四年（209）、建安十七年（212）、建安十九年（214）、建安二十二年（217）的四次南征。

说是四次其实只有三次，因为建安十四年（209）的那次只能算是预演。

赤壁之战后，曹操与孙权交锋的战场就从荆州转移到淮南。

曹军在江淮最重要的战略据点是合肥。孙权的北伐十之八九都是冲着合肥而来，但每次都无功而返。合肥是孙权这辈子都难以逾越的高峰。

江东在淮南的最重要的战略据点是濡须。曹操的数次南征，目标都是濡须，但曹操在濡须的待遇与孙权在合肥的遭遇如出一辙，四次南征都越不过濡须，这就是《后出师表》中说的"四越巢湖而不成"。曹操与孙权在江淮战场相互攻杀，互有胜负。

孙权的军事嗅觉极其敏锐，自建安十四年（209）发现曹操在江淮之间操练水军屯重兵于合肥，他就明白了曹操的意图。

为了应对来自江淮的军事压力，孙权将他的大本营从京口迁移至秣陵，在这里修建起一座用石头修成的堡垒石头城，即东吴未来的都城建业。

孙权特别喜欢迁移大本营靠前指挥。赤壁之战前，孙权意在夺取荆州，所以将驻地从京口向西搬到柴桑。赤壁之战后，曹操意图从淮南进兵攻略江东，孙权又将他的驻地从京口向东迁到建业。

后来，孙权与刘备因荆州的归属问题闹翻袭杀关羽，为防刘备报仇，孙权又将都城从建业西迁武昌。等到双方恢复关系，威胁从西面又重新回到北方，孙权又再次迁都，从武昌搬回建业。反复四次搬家，不是孙权喜欢折腾，他就是不放心别人，又没有曹操、刘备亲自带兵打仗的本事，就只能通过在战场附近"靠前指挥"来安慰自己。他希望以"靠前指挥"的方式有效牵制掌握重兵的将领，使事情不至偏离他的掌控。

曹军从淮南出发必须经巢湖入濡须水进入长江，才能顺流而下攻击建业。

建安十四年（209）三月，曹操在谯县训练水师。七月，曹军做了一次军事演习，水军顺涡水向东南在当涂下游入淮河，然后上溯至下蔡（今安徽凤台），再南下转入肥水、施水，屯军合肥，同时开垦芍陂屯田。曹军一直演练到十二月才回师樵县。曹操派张辽、乐进、李典三员大将一路向西征讨大别山、天柱山一带的原袁术部将陈兰、梅成获胜后就驻兵于合肥，镇守淮南。

孙权当然明白曹操的军演是冲自己来的。在迁都的同时，孙权开始在濡须口大规模修筑防御工事，加强防守。

孙权下令在濡须口修筑坞堡，这个建议还是鲁肃的接班人吕蒙提的。

当吕蒙提出这个建议时，众人的反应出奇的一致，不以为然，认为吕蒙是小题大做、大惊小怪。

众将皆曰："上岸击贼，洗足入船，何用坞为！"吕蒙："兵有利钝，战无百胜，如有邂逅，敌步骑蹙人，不暇及水，其得入船乎？"孙权曰："善！"

军中众将都已经习惯传统的作战模式，上岸打仗，顺利的话就趁势攻城略地，失败就赶紧上船跑路。当然，以吴军陆战的拉胯水平，他们大部分时候都是被追逐的一方，被曹军追杀，疯狂逃跑，跳到船上狼狈逃窜。

在东吴众将看来，吕蒙提议修筑坞堡纯属多此一举。但吕蒙明显比他们思虑更远也更周全。吕蒙说打仗不可能百战百胜，一旦被敌人的骑兵追击，来不及上船，又缺乏工事依托，到时如何是好。孙权不是糊涂人，他当然明白，吕蒙是对的。于是，孙权说，好，就这么干。

之后发生的事情证明，修筑濡须坞是相当正确的决定。

建安十七年（212），孙权一面修石头城，一面在濡须山筑城立关。

濡须坞，三面环山，一面临水，占据地利，易守难攻。

十月，曹操统率大军号称四十万征伐孙权。而孙权也不甘示弱，亲自领兵七万北上濡须迎战。

建安十八年（213）正月，曹军进至濡须口，夺取了西岸的七宝山，此地也称西关，在濡须坞上游的斜对面。

濡须不比赤壁的三江口水道宽阔，适宜大型战船进行大规模水战，甚至可以在江面上铁索连舟展开阵列。而濡须地形复杂，水道狭窄，两岸有东关、濡须山、七宝山等险要，孙权以重兵防守，控制住了濡须一带的水面。

孙权甚至不必与曹操进行水战，虽然水战是他的强项，他只需以精锐水军守住濡须水道，以陆军坚守两岸险要高地关隘，就可以封住曹操南进之路。

曹操曾派出一支水军趁夜绕过濡须坞来到后面的濡须中洲，试图以此突破吴军的防线。但这支深入敌后的孤军很快就陷入东吴水军的围攻，溺亡数千，被俘数千。

这次水战失利后，曹军便坚守不出。反而孙权在得胜后主动挑战。

一次，孙权乘坐一只大船从濡须口逆水而进，来到曹军水寨察看虚实。

曹操得知后下令不准轻举妄动，东吴船只靠近只以弓弩射之。孙权的大船逐步逼近曹军水寨，曹军弓弩乱发，很快大船的一侧就被射满羽箭，因为受箭过多，船只开始向一面倾斜。孙权于是下令船只调头，以另一侧朝向水寨，很快也被插满箭矢，船只两面受箭才又恢复平衡。

孙权将曹军水寨看得差不多了，才下令鼓角齐鸣，大摇大摆地回营。

曹操望着孙权大船远去的背影，不由得发出感叹，说出了那句众人熟知的评语："生子当如孙仲谋。"

孙权这次侦察经历据说就是后来罗贯中写赤壁之战草船借箭的历史原型。

然而，曹操也不是好惹的。曹军在陆战中攻破东吴的江西营。

两军从建安十七年（212）冬一直对峙到建安十八年（213）春，互有胜负。

随着天气转暖，江水上涨，孙权写信给曹操说："春水方生，公宜速去。"在信的背面还有一句："足下不死，孤不得安。"曹操见信后，对众将说，孙权这小子说的是实话。于是，曹操给了孙权一个顺水人情，撤军而去。

只要细心观察曹魏方面伐吴的战争记录就不难发现，曹军的进攻几乎每次都是在秋冬发起在春天结束。从赤壁之战开始直到晋军六路伐吴都是这个规律。

秋冬季节是枯水期，水位下降不利行船，东吴的优势是水战，北方军队此时进兵可以最大限度压制东吴的水军特长。

战争就是一个竭尽全力发挥己方优势同时尽最大可能限制敌人优势发挥的一个过程。

直到七十年后，杜预率晋军伐吴，在国力、兵力都碾压吴军的情况下，在春水上涨时，仍有不少人建议撤退，等来年冬天再战。关键时刻是杜预力排众议坚持进兵。

杜预在驳斥这些人时说，今大军连战连捷，兵威已振，就如同破竹，劈开之后都能迎刃而解。于是，晋军乘胜进军，顺流而下直取石头城，很快便一片降幡出石头。杜预坚持己见终于取得最后的胜利。

杜预不经意间还贡献出一个成语：势如破竹。

孙权在战斗的过程中也找到了自信。但在战争初期，孙权还是承受着很大的压力，派人向刘备告急，要刘备出兵牵制曹操。

孙权的求助给了刘备一个跟刘璋翻脸的理由。刘备拿着孙权的求救信找刘璋要资助，但刘璋显然不愿意继续做赔本的买卖。于是，刘备以此与刘璋开战。刘备只是在利用孙权的求救信。

刘备远在蜀地，就算他想救也赶不回来。此时，荆州方面，关羽正与襄阳乐进、江夏文聘对战。刘备方面对孙权的支援只有关羽的北进，考虑到刘备带走数万部队，荆州守军兵力有限，所能做出的支援也只能这么多了。

但孙权对刘备方面的行动力度肯定是不满意的。

当初，孙权愿意"借荆州"是想让刘备在荆州牵制曹操，帮助他分担防守压力，让他可以集中兵力进攻淮南重镇合肥。

结果却是，刘备带兵去蜀地，而曹操也相当配合，不趁机攻击荆州，却偏偏去淮南找孙权开战。孙权反而是在给刘备做配合，帮刘备牵制曹操。早知是这个局面，当初为何要"借荆州"！孙权肯定十分恼火，而尴尬的人是鲁肃。

当前这个局面也是鲁肃始料不及的。他主张"借荆州"给刘备，就是希望刘备在荆州吸引曹操的火力。但曹操避开荆州，跑到濡须口与孙权鏖战不休。鲁肃也想不到会是现在这个局面。

这时候，曹操估计会说，他是故意这么干的。

两年前，当曹操听说孙权借地给刘备时正在写字，听到消息不禁手一抖，笔落于地。这个小动作暴露了曹操的内心。他最担心的就是孙刘联合。

如果曹操知道给孙权出主意的是鲁肃，估计曹操会对鲁肃唱："听我说，谢谢你……"

孙刘深度绑定，最不利的是曹操。因为孙权与刘备联合为的就是对付曹操。

但曹操也有反制的办法，那就是各个击破。赤壁之战以后，曹操本人几乎从未主动进攻过刘备，更未带兵攻击过刘备军驻守

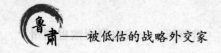

的荆州。

曹操对西北主动用兵只有平马超、韩遂的关中叛乱以及入汉中征张鲁，剩下的时间基本都在淮南打孙权。

后来关羽在樊城，刘备在汉中与曹操交战，主动发起进攻的都是刘备方面。

曹操在赤壁之战后不去管刘备，荆州不去，益州也不去，就喜欢去濡须打孙权，一次两次三次四次，不停地打。孙权一面看着刘备在荆州、益州开疆拓土，一面又得在淮南硬抗曹操的轮番进攻，苦不堪言。

随着时间的推移，与刘备实力的迅速增长，孙权越来越觉得"借荆州"就是个赔本的买卖。

争三郡

——互相妥协的湘水之盟

从建安十六年（211）到建安十九年（214），刘备方面主政荆州的是诸葛亮。这个时期，鲁肃是相对轻松愉快的，因为诸葛亮与鲁肃都是各自阵营的联合派，诸葛亮主张孙刘联盟共抗曹操。这也是鲁肃的政治主张，因此双方的合作是通畅愉快的。

但随着建安十九年（214）诸葛亮率军入蜀，孙刘之间的关系变得微妙起来。刘备安排留守荆州的是大将关羽。众所周知，关羽是不大看得上江东鼠辈的，鲁肃自然另当别论。

江东方面对刘备充满敌意的人开始占据上风，吕蒙就是其中的代表。鲁肃的日子越来越不好过。

关羽感受到了这种威胁，对东吴军队的不信任感也与日俱增。关羽的部下与东吴兵将发生边界摩擦的次数也越来越多。

鲁肃以大局为重，总是出面调解。关羽看在鲁肃的面子上也不愿将事情闹大，双方才未发生严重的冲突。

建安二十年（215），刘备经过三年苦战终于夺得益州。得知消息的孙权立即派诸葛瑾前往成都向刘备追讨荆州数郡。

刘备说我正要进兵凉州，等我打下凉州，就将借的荆州归还。孙权当然不信这套说辞，说刘备就是不想还。孙权也不多说，干脆任命长沙、桂阳、零陵三郡官员去上任想强行接收。但关羽更不客气，将这些赴任的官吏尽行驱逐，直接将人给赶了回去。

孙权闻讯勃然大怒，当即派大将吕蒙领兵两万进攻三郡。这是双方第一次为荆州翻脸。孙刘联盟面临最严峻的危机。心情最复杂的是鲁肃，这是他不愿见到的。

孙刘双方为荆州闹到这个地步，甚至不惜兵戎相见，鲁肃是最痛心的，孙刘联盟是他苦心经营多年的政治成果，为此他往来奔走倾尽心血。

鲁肃能有现在的政治地位追根溯源就在于赤壁之战时促成孙刘的联合。在孙刘共同面对曹操的威胁时，这种联合是稳固的。但当来自外部的威胁减弱，联合就不可避免地出现松动。

曹操找到了一个破解孙刘联合的有效方法，那就是将压力只压向一方。平衡的关键在于两边的受力均等，当一方承受巨大压力，而另一方只承担很小的压力，失去平衡就是必然的。

曹操的办法奏效了。

刘备取得益州令孙权的心态彻底失控。孙权认为是他承受着来自曹操的军事压力，刘备才能从容入蜀，是他帮刘备吸引火力分担压力而不是反过来的。孙权心里已经极为不满。关羽驱逐东吴官吏则成为点燃孙权怒火的导火索，双方还是因利益分配产生矛盾反目成仇。

当初，鲁肃极力劝说孙权"借荆州"给刘备，目的是想利用刘备牵制曹操。可是，曹操不上当，不去管刘备，反而一门心思打孙权。刘备未起到牵制作用，"借荆州"的效果大打折扣。孙权对此颇为不满，只是出于情面，不便当面责备鲁肃。君臣之间的微妙变化，鲁肃自然能感受到，此时的鲁肃处境困难，他只能竭尽心力在两边周旋。

但刘备夺取蜀地拒不还南郡，将鲁肃置于十分尴尬的境地。事情至此，他实在很难对孙权交代，很快更尴尬的事发生了。

孙权派去夺三郡的人不是鲁肃而是吕蒙。这也是吕蒙第一次单独领兵独当一面。很显然，吕蒙在孙权心目中的地位迅速上升，而鲁肃在急剧下降。

鲁肃因孙刘联盟而上位，又因孙刘反目而失宠。成也萧何，败也萧何。

孙权不用鲁肃而用吕蒙做攻略三郡的主将，这已经很能说明问题。虽然名义上，鲁肃还是前线的最高指挥官，吕蒙只是他的下属；但在实际行动中，吕蒙才是前线的总指挥，全面负责攻取三郡，鲁肃反而成为配合吕蒙行动的助手。

吕蒙充分利用了东吴控制洞庭湖的优势，以水军迅速前进，通过荆南四通八达的水道很快就深入长沙、桂阳、零陵腹地。长沙、桂阳望风而降，零陵稍作抵抗不久也开城投降。吕蒙以迅雷之势轻取三郡，令孙权十分满意。有对比才有伤害，相比之下，鲁肃的战绩乏善可陈。

孙权动手的时机选得也很准。因为此时的荆州最为虚弱，刘备、诸葛亮先后率军入蜀。荆州的精兵猛将大都随刘备、诸葛亮入川。荆州防守兵力空虚，孙权正是看准了这一点才选择趁虚而入。

荆州的重心在江北，不在江南。关羽的兵力部署自然也是北重南轻。荆南各郡兵力有限又缺乏准备，面对突然而至的吴军，迅速崩溃也就不足为怪了。

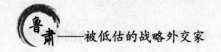

东吴水军控制着洞庭湖水道，行动又快。关羽得到消息从江北增援，时间上也来不及。

刘备在成都听说荆州有失，立即亲率五万大军从益州出发顺流而下救援荆州。

刘备赶到荆州后，进驻公安城，亲自坐镇指挥部署，令关羽领兵南下夺回三郡。

孙权也不甘示弱亲自赶到陆口靠前指挥，令鲁肃率部进驻巴丘。

得知关羽南下，孙权又令鲁肃从巴丘南下益阳阻击关羽。

鲁肃与关羽在益阳相遇。

当时的情势是，刘备在公安，孙权在陆口，分别指挥各自军队。关羽与鲁肃则率军在益阳对峙。

鲁肃挡在益阳堵住了关羽的南进道路。双方剑拔弩张，大战一触即发。

即使到了这个时候，鲁肃仍极力争取和平解决，他想与关羽谈判，当面把话讲清楚。

众人都怕发生意外，极力劝阻。鲁肃却执意前往。

鲁肃不希望双方发生战争，只要还有一丝希望，他也要努力争取。鲁肃邀请关羽相见，双方的兵马就在百步之外，与会的将军只允许佩带单刀。这就是著名的单刀赴会。不只关羽携带单刀，所有人都是带单刀去的。这次会面确是鲁肃发起的，也是《三国演义》为数不多的与史实相符的地方。

鲁肃当面责备关羽不肯归还三郡。关羽说乌林之役，左将军身在行间，多有战功，难道分不得一块土地？鲁肃说，当初我与刘豫州相遇于当阳之长坂，当时刘豫州势单力薄，意欲南撤，我家主公不惜兵马钱粮，出兵相助，赤壁之战大破曹操，才有今日之荆州。如今刘豫州已得益州，理应归还荆州。

关羽说赤壁之战，刘备亲自领兵战胜有功，理应分得土地。鲁肃只说刘备在当阳大败时有多狼狈。双方各说各的理。

事实上，关羽与鲁肃的谈判不管谈多久也不会谈出结果，因为谈的内容，他俩都不能做主。

而刘备与孙权已经为战争做好准备。双方的战争几乎不可避免。但关键时刻，曹操以实际行动来为双方"劝架"。

曹操的行动是攻略汉中。

刘备听说后担心益州有失，派人与孙权谈判，双方经过讨价还价，决定将荆州一分为二，以湘水为界，长沙、江夏、桂阳以

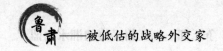

东属孙权，南郡、零陵、武陵以西属刘备。

对于这个结果，双方都不是很满意，在当时的情况下又都能接受。

江夏郡在赤壁之战后就已经归属孙权。长沙郡的北部被孙权单独划出新设了汉昌郡，鲁肃就是汉昌太守。孙权得到的只有不到两个郡，但总算有所收获。

刘备以土地换和平争取到了宝贵的时间，虽损失两个郡，但保住了南郡这个战略要地也还好。

刘备与孙权在后方指挥，关羽与鲁肃在前方对峙，双方的整体表现平淡，表现突出的只有吕蒙。

虽然鲁肃在关键时刻的单刀赴会及时化解了危机，但孙权显然对吕蒙的表现更满意。

鲁肃耗尽心血、苦心维系着越来越脆弱的联盟。孙刘双方的大多数人都只在意从联盟中能得到多少好处，却很少有人愿意如鲁肃那般任劳任怨、尽心尽力去维护这个联盟。

刘备与孙权彼此需要又彼此防范，双方都想从联盟中获取更多的利益，却不愿花精力去维护这个看似牢固实则极其脆弱的联盟。

争三郡——互相妥协的湘水之盟

湘水之盟是赤壁之战后孙刘双方对联盟的一次重大调整修补。这次联盟虽然是彼此的妥协，但也是影响三国历史的大事件。

刘备与孙权在这次事件的处置上都存在重大错误，险些将联盟推向深渊。

又是鲁肃在危急时刻，力挽狂澜再次挽救了联盟。

刘备在赤壁之战以及之后的联盟中得到很多利益，从困守夏口到跨有荆益，实力迅速增长，是赤壁大战以及孙刘联盟的最大受益者。战前实力最弱，战后获利却最多，刘备对此自然很满意。

但刘备严重忽略了孙权的感受，联盟的双方如果获利不均，很容易产生矛盾导致联盟瓦解。

孙权在联盟中实力最强，获利却最少，矛盾是一点点累积的。孙权从内心不满到发兵争三郡历经三四年的时间，这个过程很漫长。但刘备对此视而不见，未引起足够的重视。

等到孙权积怨已深发兵抢夺三郡，双方的矛盾已经很深。刘备显然缺乏对联盟的细心维护才导致孙权的暴走。刘备对这次事件也负有一定的责任。

孙权只看到得荆州的好处，对孙刘联盟一旦瓦解带来的后果

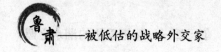

缺乏足够的考虑。

孙刘双方如果兵戎相见，最高兴的就是曹操。孙权冲动之下出兵荆州，等于主动撕破联盟，他还不知道此举带来的巨大危险。一旦与刘备开战，他很可能陷入刘备与曹操的围攻。

刘备肯定不会善罢甘休，必然要调集兵马与他决战。曹操也不会闲着，肯定要趁火打劫，从合肥出兵进攻濡须，最终目标是孙权的大本营石头城，因为这条路他最熟，走这条路对孙权的威胁也最大。

如此一来，孙权将不得不两线作战，而不管是对刘备还是对曹操，他都没有取胜的把握。

刘备在得到益州后，即将发起与曹操争夺汉中的战争，因为那里是益州的门户。刘备是一定要取汉中的，在那之前，他也不愿与孙权开战。但如果孙权执意出兵荆州，刘备只能应战。孙权就等于帮曹操解围。

孙权与刘备在荆州发生战争，获利的只能是曹操。鹬蚌相争，渔人得利。

荆州对孙刘双方都很重要，正因为重要，谁也不会轻言放弃，战争必然会旷日持久，到时两败俱伤，曹操再趁虚而入，到

180

头来损失的是孙刘。

鲁肃在刘备、孙权冲动之下即将犯下大错之际，及时制止了战争的发生，维护了孙刘联盟，再立大功。

鲁肃的三大功：第一是赤壁之战前主张联合刘备坚决主战；第二是劝说孙权"借荆州"；第三就是单刀赴会及时避免战争。

鲁肃靠自己的努力将孙刘冲突的时间又延迟四年。这宝贵的四年对双方而言都极为关键，刘备用这四年与曹操争夺汉中并最终取得胜利，夺回益州门户在汉中称王。孙权用这四年与曹操又发生两次大战，挡住了曹操的凶猛攻势，使曹操"四越巢湖而不成"，稳住了江淮防线。

从这个角度说，湘水之盟，对孙刘双方都有好处，实际上又是一次双赢。只不过，他们在受益的时候都将促成联盟的大功臣鲁肃给忘了。

鲁肃以他的才智胆略两次化解危机，两次促成孙刘联盟，在"东吴四大都督"中功劳最大，但他受的委屈也最多。

孙权对周瑜、吕蒙、陆逊的评价都很高，只对鲁肃的评价有保留，原因就是鲁肃劝他"借荆州"，孙权对此事始终耿耿于怀。

压制吕蒙

——富有远见的战略家

很多人对鲁肃印象不深、评价不高，因为鲁肃缺少具有影响力的战功。周瑜有赤壁之战，吕蒙有白衣渡江，陆逊有夷陵之战。身为主将鲜有战绩，这确实是一个缺点，但是鲁肃的长处在于战略，在于外交。他的功劳虽大却不显著。

他为孙刘两次联合呕心沥血，可是，他却是孤独的，不仅后世的人对他知之甚少，就是当时的人，理解他的也不多。

孙权赏识鲁肃，但只有在鲁肃带给他利益时才欣赏他，稍有不如意就指责他。鲁肃的前任周瑜、后任吕蒙都与他的政治主张联刘抗曹背道而驰。在江东群臣中看不到有影响力的大臣支持他。

鲁肃的前任周瑜对待孙刘联合极其冷淡，战前对刘备爱搭不理，战后甚至主张扣押刘备。有周瑜在，孙刘双方未打起来就算好的了，指望周瑜赞同孙刘联合是痴人说梦，但当时的形势是曹操独强，孙刘皆弱。孙刘联合战略上不是双方的主动行为只是迫于形势的被动联合，属于典型的抱团取暖。

在这种情势下，周瑜却对刘备充满敌意，总想将刘备从荆州赶走。周瑜的这个想法相当危险。孙刘联合首先是谋生存，然后才是求发展。

周瑜总认为单靠江东就能对抗曹操，也不知他哪来的自信。孙权、鲁肃都知道联合刘备的重要性，所以，孙权采纳鲁肃的建议否定周瑜的扣押计划。之后，鲁肃还主张"借荆州"给刘备，这跟周瑜的图谋简直是南辕北辙。

周瑜反对联合的计划都被鲁肃通过孙权压制下来，等到周瑜去世，鲁肃又劝说孙权同意刘备的请求，将南郡借给刘备，巩固盟好。孙权也是赞同的，甚至还有加码，将自己的妹妹嫁给了刘备。

从赤壁之战到出兵争三郡之前，孙权与鲁肃在对待联合刘备的问题上基本是一致的，那就是要联合刘备。

但是孙权经过濡须扛住曹操的进攻后，发现他也能单独对抗曹操，而在这个过程中，刘备出力极其有限。刘备还利用他与曹操对峙攻下益州。孙权认为在联合中他未得到应有的收益，也可

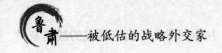

以说收益低于预期。而实践证明，刘备也不是那么重要。

孙权开始反思联合刘备的政策。刘备夺得益州是双方关系的一个重要转折点。

赤壁之战后，孙权在事实上占领了荆州的江夏郡南部、长沙郡北部，实力增强很多，但刘备增长更快。

刘备在取蜀后，实力已经与孙权相当。这让孙权很不快。

在这个世界上，真正希望你好的只有你的父母。

孙权见不得刘备的好。

孙刘两次产生冲突甚至兵戎相见，每次的原因都是刘备实力的急剧扩张。

建安二十年（215）发生的争三郡事件，背后的原因是刘备在建安十九年（214）取得益州。

建安二十四年（219）冬，孙权派吕蒙偷袭荆州的原因也是因为当年秋天刘备攻占了汉中。

刘备的每一次开疆拓土都深深地刺激着孙权。

之前的孙刘联盟之所以稳定，是因为孙强刘弱，刘备有求于孙权。孙权实力占优的同时心理上也有优势。

但随着刘备实力的迅速增强，双方实力逐渐对等，甚至刘备的实力一度超越孙权。此消彼长，令孙权深感不安，心态逐渐失衡。双方的关系也由合作转向竞争乃至敌对。

争三郡事件的背后是鲁肃通过"借荆州"维系联盟的政策已经走到尽头。在孙权看来，双方的合作需要一个新的形式，那就是孙权方面占领荆州，刘备退到蜀地，仍然是孙强刘弱，才可以继续合作。但这是刘备不能接受的。双方再次反目以至于发生战争是必然的。

鲁肃的前任周瑜、后任吕蒙都主张与刘备开战夺取荆州，只有鲁肃坚持联合。

孙权先前支持鲁肃联合刘备，后期又支持吕蒙进攻关羽，都是在自己利益最大化的基础上具体政策的灵活转变。

改变的只是政策，维护的始终是利益。

周瑜、鲁肃、吕蒙立场的不同，与他们个人的专长特点也是紧密关联的。

周瑜是武将又精通水战，能供他施展的地方其实只有长江水系的荆州。他认为以他的实力可以武力夺取并控制荆州，不需要刘备配合，因此对刘备主战。

鲁肃虽为武将，但更像文官，攻城野战不是他的长项，反而外交战略是他的强项。与刘备方面关系好是他的一大优势，与刘备做真正的交涉，孙权这边基本都是派鲁肃去谈，因为鲁肃与刘备、诸葛亮的关系很好，他们的政治主张相近。鲁肃能有如今在江东的地位靠的就是孙刘联盟。

孙刘一旦反目，发生战争，鲁肃的政治价值就会迅速下降，地位也会随之降低，所以他是孙权方面最不希望看到双方冲突的。争三郡事件最痛苦的是鲁肃。

至于吕蒙，也是武将，他上位靠的就是在战场上挣功名，他的官位那真是在战场上一刀一枪拼出来的。他想要获取更高的地位就要有更大的功劳，搞外交他是外行，只有军功可行。而曹军实力超强，东吴的陆战又很拉胯，吕蒙想要军功，只能对刘备的大将关羽下手，而关羽的能力也很强，不好惹，正面对战，吕蒙也不是对手，所以才有后面的偷袭。他们都在以自己的专长争取自己利益的最大化，当然这个利益是与孙权的利益深度绑定的。

争三郡事件意味着在东吴，以鲁肃为代表的联合派的时代即将成为过去，军功派的时代已经到来。刘备与孙权的合作也即将走到尽头。

鲁肃之后，东吴再未出现过真正的战略家，联合派销声匿迹。即使后来蜀汉与东吴再度联盟，也是徒有形式。双方只是确保彼此不是敌人，以便保证各自的国家安全，蜀汉可以专心北伐，东吴也可以限江自保放心躺平。

作为鲁肃的继任，吕蒙出道的时间其实比鲁肃还早。

吕蒙，字子明，汝南富陂人。

江东早期将帅从周瑜到鲁肃再到吕蒙都是淮泗人，他们都不是江东人。孙氏早期的权力构成几乎可以说是典型的外来政权。

孙氏起家靠的是淮泗精兵，主要将领自然几乎都是淮泗出身。

孙权早期尤其看重淮泗将领，将其视为孙氏政权的支柱。

相比之下，与袁绍、袁术这些政治豪门出身的人不同，本身即寒门的孙权一点儿也不看重将领的出身。这在将领的选拔上，体现得最为明显。

周瑜出身庐江周氏是典型的名门士族，但到鲁肃就降到地方豪族，而吕蒙的出身是最低的，只是普通寒门。吕蒙的家境一般，十几岁就随姐夫邓当南渡。邓当是孙策手下的一名普通将领。吕蒙一家当时还靠着姐夫勉强度日。

吕蒙当时才十几岁，但他已经明白想改变命运，只有在战场

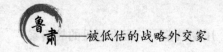

上博功名。

孙策初到江东，到处都在打仗。普通人唯恐避之不及，吕蒙却一点儿也不害怕反而很兴奋，因为他知道，这是他的机会。只有建立军功，才能摆脱贫困。

一次，姐夫邓当率部征讨山越，16 岁的吕蒙瞒着家人悄悄混进队伍跟着出征。邓当正在指挥作战，突然看见小舅子也在，当即呵斥不准其参加战斗，但吕蒙根本不听，邓当管不住小舅子，等到战斗结束，回到家后，邓当赶紧向岳母如实汇报，让岳母好好管束管束这个小舅子。吕蒙的母亲听说此事也很生气，当即找来吕蒙，想要责罚他。谁知，吕蒙却振振有词，说他已经过够了贫贱的生活，想要富贵荣华，只有在战场上立功才行。吕蒙最后还说了句，不入虎穴，焉得虎子。

吕蒙的意思已经很明白。做母亲的也知道儿子的心意，像他们这类人家，也只有这条路可走。见吕蒙坚持，吕母也就不再反对。

吕蒙成长很快，仅仅数年之后，他已经是邓当这支小部队的骨干成员。

又过了几年，邓当病死，张昭推荐吕蒙接替姐夫担任别部司马统领这支部队。

等到孙权主事，见江东部队杂乱，就有意整顿，宣布要举行阅兵，趁机裁撤合并一些杂牌的小部队。

吕蒙的部队可能就在被裁之列。如何能改变领导对其所部的原始印象？吕蒙想到的是包装，为部队更新军服装备，但这需要大笔的钱财。吕蒙家条件一般，拿不出这笔钱。吕蒙为此不惜举贷借钱，为他的部队定制崭新的军装，这是相当冒险的，万一他的部队被裁撤，他借的钱就都会赔进去，往后，他只能在躲债中度日了。

但吕蒙认为这个险值得冒，他要赌一次。

阅兵当日，吕蒙的部队盔明甲亮，面目一新，给孙权留下了深刻的印象。孙权对吕蒙的治军能力颇为欣赏，不仅没有裁撤吕蒙的部队，还给他扩编了兵员。吕蒙这次赌赢了。吕蒙不久又因战功升任平北都尉，从此仕途通畅。

建安十三年（208），吕蒙随孙权征讨黄祖，担任先锋。吕蒙率部冲锋在前，在水战中阵斩黄祖的水军都督陈就，立下大功。战后，吕蒙升任横野中郎将，被赏赐1000万钱。

吕蒙凭借战功实现富贵，但他并未因此满足。他的野心不止于此。

赤壁之战时，吕蒙随周瑜征战江陵，当时周瑜派甘宁攻取夷陵，曹仁分兵反攻将甘宁包围在夷陵。甘宁形势危急，派人向周瑜求救。但众将都认为不宜分兵，因为兵力本来就少，再分出去一部分救夷陵，这边江陵就更难打了。

但显然，夷陵要救，江陵也要攻，如何才能两全其美呢？这时吕蒙站出来对周瑜说，留凌统守大营围困江陵，他随周瑜去救甘宁，快去快回，凌统能守十日保大营不失。周瑜想不出更好的办法，就决定依计而行。

周瑜在夷陵陆战中击败曹军，江东军心士气为之一振。周瑜趁势率军渡江，又经过苦战，迫使曹仁退走，攻占江陵。战后，吕蒙又升官了，被拜为偏将军，领浔阳令。这个待遇已经不低，周瑜也是在攻下江陵才被拜为偏将军，领南郡太守。鲁肃更是在接替周瑜之后才被拜为偏将军，领汉昌太守。

鲁肃接替周瑜前往陆口上任，路过浔阳吕蒙的驻地。

鲁肃平日并未看重吕蒙，打算直接过去，但身边的随从劝他说，吕将军如今功名日显，您不能用以前的眼光看待他了。现在经过吕将军的防区，您还是去拜访一下为好。鲁肃本不想去，但听过这话认为有理，于是才来拜访吕蒙。

鲁肃旁边的随从秉承的很可能是孙权的意思，只是不好明说，鲁肃明白这是孙权让他去看吕蒙，这说明吕蒙在孙权心目中的地位已经今非昔比，主公的话是必须要听的。

鲁肃本以为这只是一次例行公事的寻常拜访，但他见到吕蒙后就改变了原来的想法。他这次来大有收获。

吕蒙设宴款待鲁肃。酒席上，吕蒙问鲁肃，您现在身负重任，与关羽为邻，有何策略与之周旋？鲁肃此时正筹谋劝说孙权"借荆州"给刘备以巩固双方盟好，自然不会考虑算计盟友的事情。

对吕蒙的发问，鲁肃只是随意敷衍说到时随机应变吧。鲁肃很随意，但吕蒙很认真，说如今东西犹如一家，但是，关羽乃熊虎之将，对付这等人，怎能不预先筹谋以备应对呢？说罢，吕蒙当即为鲁肃筹划出数条对付关羽的计策。鲁肃对这些计策不以为意，但对吕蒙能有这般见识大为惊讶。鲁肃抚着吕蒙的背——这是亲近的表示，说子明，我之前只知道贤弟勇武过人，今日才知你的学识见解原来这般渊深，早已不是当年的吴下阿蒙了。吕蒙颇为自豪地说，士别三日，便当刮目相看。

　　吕蒙的进步说起来还有孙权的功劳，正是孙权的督促，才有不同于往日的吕蒙。

　　孙权劝学是《资治通鉴》上有名的典故。孙权曾对吕蒙说："你如今也是独当一面的将领，要多读书以增进学问，多长见识。"吕蒙推辞说军中事务繁杂没有时间读书。孙权说："我让你读书，难道是让你做博士吗！只是让你多知道一些古人的前言往事罢了。你说军中事多，难道有我多？我年轻时曾遍览《诗经》《尚书》《左传》《国语》，自主事以来更是通读历代史书、兵法战策，自以为大有所益。"孙权差点就说出开卷有益了。孙权以自己举例子，督促吕蒙学习，显然是有意要提拔吕蒙，日后予以重用。以吕蒙的精明，他当然懂得孙权的深意，于是，经过一番埋头苦读，学问见识果然不同往日，引得鲁肃都连连称叹。

　　孙权暗示鲁肃去拜访吕蒙，既是对吕蒙学习成果的检验，也是有意在提醒鲁肃，如今东西亲如一家，但也不要放松警惕，要时时警醒，对关羽要加以注意。

　　鲁肃主张孙刘联合，对吕蒙的计谋压制不用。但通过此事，鲁肃已经知道吕蒙对刘备方面的敌意颇深。

　　孙刘双方在"借荆州"之后，关系一度十分融洽。鲁肃在西线荆州取守势。孙权的注意力开始转向东线的淮南战场。

在江淮为孙权摧城拔寨的主将正是吕蒙。

外交谋略是鲁肃的专长，攻城野战是吕蒙的强项。孙权移师东线，给了吕蒙展示的机会。与鲁肃相似，吕蒙也是极会抓机会的人。

孙权与曹操在淮南争夺的焦点是以合肥为中心的江淮水道。合肥所在的九江郡是双方交兵的主战场。但九江郡西侧的庐江郡地位也相当重要。

赤壁之战后，曹操派朱光做庐江太守，在皖城一带屯田，这引起了吕蒙的重视。

吕蒙先是出兵击溃在蕲春郡屯田的曹军，占领此地，因为这里是江夏通向皖城的陆上通道。占领蕲春，目的是防止曹军从江夏方向增援皖城。

建安十九年（214），吕蒙见时机成熟便向孙权建议攻打庐江。吕蒙的理由也很充分：庐江富庶，如让曹军在此站稳脚跟，屯田积谷，这里将成为曹军南进的补给基地，更是策动进攻的前进阵地，如令曹军得逞，江东就会十分被动。

孙权明白皖城对曹军的重要当即同意。吕蒙提出的具体战术是速战速决。进攻皖城，可利用皖水，发挥东吴水军的优势，保证进兵速度，但皖水只是小河，只有在夏季汛期可通大船，一旦旷日持久，进易退难。吕蒙经过侦察发现，皖城防御工事不甚坚固，因此，他建议进攻皖城不必修造云梯堆砌土山，这么做时间过长，待魏军援兵赶到，再想攻城就难了。

吕蒙的意思是全军走水路快速推进，到达皖城后，直接四面围攻，利用大军初到士气正盛，一鼓作气，攻下皖城。

五月，大军出动。这次虽由孙权亲自领兵，但具体负责指挥的是吕蒙。大军抵达皖城，吕蒙立即命令攻城，他任命勇将甘宁为前锋，他率领大军随后跟进。

拂晓，发起进攻，吕蒙亲自擂鼓助战，以壮声势，鼓舞士气。甘宁身先士卒，带头爬城，很快就攻上城头，与曹军短兵相接，展开混战。

东吴只用了不到一天的时间就占领皖城。张辽率领的援军从合肥出发来救援皖城，走到夹石就听说皖城失守的消息，只得退兵。

曹军在庐江苦心经营数年的成果毁于一旦。东吴大获全胜。

孙权大喜过望，任命吕蒙为庐江太守。当然，吕蒙的这个太守是遥领，吴军抢掠一番很快就退出庐江。但吕蒙在战斗中的表现令孙权十分满意。

建安二十年（215），孙权出兵与刘备争夺荆州，又是吕蒙再次发挥水军优势，利用洞庭湖水系对长沙、桂阳、零陵发动突袭，在极短的时间内袭取三郡，为孙权争得主动。事情最终和平解决，因为孙刘双方都不想发生战争，最终以湘水为界，平分荆州。湘水之盟，立下大功的是鲁肃，正是鲁肃在关键时刻的单刀赴会及时化解危机，双方才避免战争。但争三郡出风头的是吕蒙。

虽然鲁肃从大局出发竭力维护孙刘联盟，压制吕蒙的偷袭荆州计划，但西线的沉寂与东线的热闹形成鲜明对比，孙权对荆州越来越缺乏耐心。吕蒙的地位日渐提高，相比之下，孙权对鲁肃的联刘抗曹主张越来越不满意。

八月，孙权起倾国之兵十万之众大举进攻合肥。孙权之所以选择这个时机出兵是因为这时曹操正率军远在汉中。刘备同意将荆州三郡给孙权也是相同的原因。

孙权决定趁曹操跟刘备的注意力都在汉中，夺下合肥。

东吴十万大军气势如虹，但面对合肥坚城却无计可施。合肥

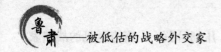

不是皖城，守御坚固。张辽也不是朱光，不好对付。

　　曹操远在汉中，救援不及。守合肥只能靠张辽孤军奋战。孙权有十万人，合肥的张辽只有七千人，兵力悬殊。但张辽并不打算固守，他要主动出击，狠狠打击一下孙权的嚣张气焰，再做防守。

　　张辽连夜招募敢死之士八百人，于第二天开城出战。张辽披甲持戟直冲敌阵，勇不可当，所向披靡，先后斩杀孙权两员大将，连杀数十人，一直杀到孙权的中军。东吴兵将被张辽杀得人人胆寒，纷纷逃窜。孙权慌乱之下退到一处高地手持长戟作预备拼杀状。张辽在下面呵斥孙权下来决战。孙权不敢应战，只是一味召集被打散的部属向他靠拢。

　　被杀散溃败的东吴军很快发现张辽只带数百人出城，立即胆气倍增，将张辽重重包围。张辽身陷重围却丝毫不惧，视江东鼠辈如草芥，在万军之中往来冲杀，甚是威风。

　　张辽率部顺利杀出重围，但还有士兵尚在包围圈中，见张辽突围而出连忙大声呼救。张辽闻声又返身杀回救出余众。

　　战斗从早上杀到中午，吴军的士气被张辽彻底打了下去。

　　此后的十余日，东吴大军持续围攻合肥，但不见丝毫进展。

孙权只能被迫下令撤军。为挽回颜面，孙权亲自率军殿后，却不想，本欲挽回脸面却丢了更大的脸。

张辽得知孙权退军率部追击。这时孙权的大部队已经走远，身边只有数千亲卫士兵，立即陷入曹军的包围，被张辽围攻。

幸得凌统、甘宁、吕蒙等人拼死力战，才保护孙权突出重围。孙权来到逍遥津，才发现桥面已被拆去大半，被逼急的孙权跃马跳过去。部将贺齐率三千人在逍遥津南面接应，孙权才算逃出来。凌统为掩护孙权撤退率三百部下与曹军血战。凌统的三百士兵尽数战死，他身负重伤跳水才逃回来。

逍遥津一战令张辽威名大振，更是杀得东吴人人胆寒。

此战对三国历史的走向影响深远。孙权丢尽脸面还在其次，更重要的是让东吴认清了他们的实力。北方军队骁勇敢战，他们完全不是对手。

东吴作战只能依托江河，一旦脱离水道上岸，战斗力就迅速下降。以东吴的陆战水平，想要与曹军争夺徐州希望渺茫。

逍遥津之战，孙权惨败。从此，孙十万的名号传遍江湖。孙权在彻底认识自己的军事水平之后，也不再对北进抱有信心。此后孙权便很少亲自领兵，更多的是派遣将领率军出战。

　　孙权在东线受挫后，重新将目光转向荆州。虽然陆战打得灰头土脸，但东吴对水战还是很有信心的。特别是对荆州作战，可以依托长江水道，发挥其水军优势。

　　当驻防陆口的鲁肃还在为孙刘联盟殚精竭虑时，屯兵寻阳的吕蒙已经在为与关羽开战做准备了。

　　而吕蒙的所作所为显然是得到孙权认可的，否则吕蒙也不敢胡来。

　　逍遥津归来，吕蒙就秘密向孙权献策：袭取关羽，尽占荆州。事成之后，以宗室征虏将军孙皎守南郡，以潘璋进驻夷陵，蒋钦率水军往来长江之上为游军支援各处。吕蒙前据襄阳，如此，何忧于操，何赖于羽！孙权深以为然，极力赞同。

　　孙权虽有意荆州，但对徐州也念念不忘，与吕蒙又讨论取徐州的可行性。

　　吕蒙说，徐州守军不足为虑，但徐州水路四通，我们进攻方便，敌人反击也迅速。今日虽得徐州，曹操必将兵来争，虽以七八万人守之也难保不失。不如西向，攻取荆州，全据长江。孙权颇为认同此议。

　　吕蒙与孙权的这些密谋全程都瞒着鲁肃。

可怜鲁肃还在为孙刘联合日夜操劳，他的君主却已经抛弃他，另行其事。孙权之所以未立即动手，只不过因准备尚不充分，又顾虑鲁肃的感受，加上还未找到合适的机会才暂时按兵不动。

孙权的这类操作似曾相识。当初，孙权赞同鲁肃的"借荆州"联刘抗曹之策，刘备甚至亲自去京口与孙权面商机宜，孙权因顾及周瑜并未立即答应，直到周瑜死后，孙权立即同意鲁肃的提议，很快履行。

如今的情形，与当初极为相似，只不过周瑜换成鲁肃，而鲁肃换成吕蒙。

建安二十二年（217），鲁肃病逝。孙权感念其往日功劳，为鲁肃举哀。

诸葛亮在成都得知消息也为之发哀，痛惜失去一位志同道合的伙伴。

鲁肃的死是孙刘联盟的转折点，从这时起，孙刘联盟已经名存实亡。因为接任鲁肃的正是吕蒙。鲁肃的兵马部属尽归吕蒙。孙权以吕蒙为汉昌太守，接替鲁肃屯兵陆口。

吕蒙表面与关羽往来友好，实则在暗中筹划等待机会。对东吴的变化，关羽并非没有觉察，也在暗中提高警惕，防备吕蒙。

鲁肃的友好是真的好，坦率真诚。

吕蒙的友好是装出来的好，阴险至极。

关羽对此心知肚明。当年他能单刀赴鲁肃的会，就是对鲁肃的信任。但时至今日，他不会去赴吕蒙的会，因为不信任。

建安二十四年（219）秋，关羽率军北进围困襄阳攻打樊城。驻守江陵、公安两城的部队被大量调往前线。

但关羽并未放松对荆州的防守，恰恰相反，荆州的守卫等级比之前还有提升。

关羽虽率军北征，但在江陵、公安两城仍留下数量众多的守城部队。关羽还特意在沿江修筑用于预警的烽火台，防备谁不言而喻。关羽就差在脸上写上"我不信任你"。

吕蒙的一系列拙劣表演，早已被关羽看穿。

关羽守荆州从未大意，而是一直保持高度警惕。

吕蒙能得手不是靠偷袭而是靠策反。与鲁肃的光明正大不同，吕蒙更善于搞阴谋诡计。

吕蒙知道关羽对他有防备，就以治病为名返回建业，用新人陆逊替代他。

关羽八月在樊城水淹七军，大败曹军，威震华夏。

直到年底，当襄樊战事陷入胶着，关羽从后方调兵增援，吕蒙才开始行动。

这场蓄谋已久的偷袭以白衣渡江开始，一夜之间，吕蒙便将关羽的预警系统瓦解。然而，高潮在于策反。江陵守将糜芳、公安守将傅士仁在东吴兵马到来时，主动开门相迎，动作整齐划一，显然是事先约定好的。

关羽的布置是相当周密的。江陵、公安城防坚固，沿江又有烽火预警，东吴来袭，烽火台就会发出警报。自八月北伐以来，关羽水军便控制着从襄阳到江陵的汉水通道。一旦有警，荆州水军从襄阳沿汉水很快便能从前线回援，即使烽火台被袭，以江陵、公安两城坚守十余日不成问题，这个时间依然足够关羽的荆州兵回来救援。

但关羽百密一疏，他防范吕蒙、防备陆逊，却想不到身边的人被渗透，叛徒就是被他安排留守江陵的糜芳与公安的傅士仁。

关羽败走麦城，不久遇害。

吕蒙尚未来得及封赏便一命呜呼。孙权如愿夺得荆州，却从此失去进取的机会。

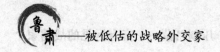

　　鲁肃与诸葛亮之所以主张联合，就是因为他们深深懂得，要击败曹操，必须北伐，而北伐要想成功，需东西并力。只靠一方，会很艰难，过程也会很漫长。

　　鲁肃曾告诉孙权，关羽能在荆州对曹操形成牵制，关羽在建安二十四年（219）的北伐就证明了这一点。关羽以数万之众就将整个中原的局势搅乱，形势一片大好。孙权本可趁此时机在东线出击，趁虚而入夺取他一直以来梦寐以求的战略要点合肥，打开北进通道。趁曹操专力于关羽，长驱直进，青徐便不再遥不可及。可惜，孙权只图小利不及大略，计不出此，以吕蒙偷袭荆州，背弃湘水之盟，孙刘因而反目。刘备举倾国之兵东征。若不是曹丕糊涂，孙权将被两面围攻，到那时，不要说荆州，就是江东也难以守住。孙权只当鲁肃是在说大话应付他，对鲁肃的话不以为然，最终只能自吞苦果。

　　孙权虽得南郡，但在此后的数十年里，在荆州、在淮南都未有尺寸之功。

　　本来关羽北伐是孙权在淮南北进的最大机会，却被他错过。

　　不听鲁肃之言，孙权此生也只能望合肥而兴叹。

是非功过

——孙权对鲁肃的评价

战略家鲁肃是孙权进取中原梦想最可靠的支持。孙策给孙权的遗命是保江东，但在孙权打赢赤壁之战后，胆气为之一壮的孙权也有了逐鹿天下的雄心。

欲进取中原，合肥是必争之地，于是，赤壁之战刚刚结束，孙权便亲自领兵去取合肥。而在江东支持孙权北进的只有周瑜、鲁肃等江北出身的淮泗将领。

江东也是孙策率领淮泗将领打下的。孙权在赤壁之战前一度很是孤立，江东众人纷纷主张迎降，这让孙权看清了这些江东世族的本质。从此，孙权对江东世族再未有过信任，对江东人只是利用。

赤壁大胜，令孙权确立了领导权威，也压服住江东本土势力。

周瑜死后，鲁肃接任大都督，江东仍然是淮泗将领掌权，孙权仍能凭军事实力压服江东土著。而鲁肃是一位大战略家，他在保江东的前提下布局是面向天下的。鲁肃是孙权据江东进取中原的最后希望与支撑。鲁肃掌权时，江东本地世族即使想拿下荆州偷袭关羽，也只能是想想。有鲁肃坐镇，江东世族不敢轻举妄动。攻打关羽镇守的荆州难度不比打下合肥低。以江东的实力即使攻下襄阳也守不住。

自古以来从南向北统一天下有两个战略要点：一是合肥；二是襄阳。拿下合肥，淮河流域便尽在掌握，进可攻徐州，退可守江东。以江东为依托，此时北方政权必须面对淮河一线带来的压力。而当时刘备在汉中，关羽在樊城不停地向曹操施压。曹操两面受敌，已经呈现出崩溃的迹象。

此时，孙权出兵合肥是最好的时机。

如果鲁肃不死，以鲁肃的远见卓识肯定不会同意偷袭关羽，而会建议孙权进攻合肥，机会显而易见。有关羽在荆州与曹军主力会战，孙权取合肥只会更容易。

此时的曹操已经被关羽的北伐弄得焦头烂额，顾此失彼，不得不从各地调兵，甚至从淮南方面调动人马去增援樊城。淮南方向，曹军已经出现防守漏洞，机会已经出现。如果鲁肃还在，肯定不会错过如此的大好良机，孙权也不是糊涂人，从他在赤壁之战的表现，反对周瑜扣押刘备就能看出，孙权也是具有战略头脑的。只是后来的他已经被吕蒙等人迷惑，利令智昏，孙权让吕蒙、陆逊偷袭荆州，错失夺取合肥的机会，此后的数十年只能在限江自保中悔恨当初。

鲁肃的死是江东难以弥补的巨大损失。但鲁肃不会想到，孙权对他的评价多有保留，原因就在鲁肃劝他"借荆州"给刘备。孙权多年后对此仍耿耿于怀。

孙权后来与陆逊专门讨论过周瑜、鲁肃及吕蒙。

孙权："公瑾雄烈，胆略过人，赤壁大败孟德，开拓荆州，后来诸将鲜有人可与之并肩。子敬受公瑾之邀东来，我与之宴饮，开口即言及帝王大略，此一快也。后孟德举军东下，水陆俱进，子布、文表俱言当迎之，独子敬极言不可，劝我急招公瑾，率兵逆击而胜之，此二快也。子敬的筹谋计策远过苏秦、张仪。虽劝借地于玄德是其一短，但不足以损二长。子明果敢有胆，及至身为大将，我劝之使学，多有长进，屡有奇谋，仅次公瑾，图取关羽，胜于子敬。"

在图取关羽的事情上，孙权认为吕蒙胜于鲁肃。鲁肃曾对孙权上报:"帝王之路上,总有贤人帮助驱除祸患。关羽能助我们北拒曹操,不用过于忌惮他。"这是他不能取关羽,反而对外夸口的表现,孙权说他宽恕鲁肃,不求全责备。

孙权这么说是很不厚道的,他对鲁肃的这些评价,分明就是把刘备在长江上游坐大的原因归在"借荆州",然后又把"借荆州"的这口锅扣在鲁肃头上。

鲁肃主张"借荆州"给刘备,孙权也是得利的。

孙权认为"借荆州"是他吃亏,如果不借呢?曹操在北边的襄阳虎视耽耽,刘备在南边的公安,咫尺之遥,江陵等于被两面夹攻。如果曹操来犯,刘备再从背后搞点小动作,孙权根本守不住,还要给刘备做挡箭牌。

鲁肃提出将南郡借给刘备,其实是化被动为主动,将刘备的部队顶到荆州的第一线,江东缩短防线,可以集中兵力于合肥方向。

孙权能稳住东线顶住曹操的"四越巢湖"就是因为有刘备在荆州方向的军事存在。

占好处的时候不说,过后翻旧账,稍有不顺就甩锅给部下,孙权这么做只会令部下寒心。

　　江东众臣之中，江东本地世族最关心的只是自己的家族利益，对孙权的帝王大业、对孙权的北伐完全是冷眼旁观的态度。

　　孙权信得过的还是周瑜、鲁肃这些淮泗将领。孙权也知道，只有周瑜、鲁肃是真心为他谋划。

　　榻上对策三十年后，当孙权登基称帝时，他转身对下面的大臣们说，你们知道吗？三十年前，鲁肃就知道，我会有这么一天。孙权虽对鲁肃有点意见，但心里还是记得鲁肃的好。

　　孙权的这些话是对鲁肃最高的褒奖。

　　孙权信任的始终是周瑜、鲁肃这些同他荣辱与共的淮泗将领。

　　但岁月飞逝，淮泗将领日渐凋零，孙权为巩固政权不得不大量起用江东世族，代表就是接替吕蒙的陆逊。

　　孙权对江东世族缺乏信任，心里也从未将陆逊看作自己人。孙权不想用江东人但又不得不用，只想利用江东人但又不得不重用，这种矛盾的心理正是导致孙权精神分裂的主要原因。

　　陆逊的死是孙权不信任江东世族矛盾心理最好的证明。

　　陆逊出将入相，才干出众，在江东威望极高，在众人看来是最合适的托孤大臣。但孙权却在临终前将陆逊逼死。因为孙权不想让陆逊成为托孤大臣。陆逊的威望越高，功劳越大，能力越强，在孙权看来对孙氏政权的威胁越大。

孙权希望自己的接班人能够控制江东人，而不是被江东人所控制，所以，当太子与鲁王争夺储君之位时，孙权不问大臣们是站队太子还是支持鲁王，他只是想打压江东人。而江淮子弟如诸葛恪等人，不管是太子党还是鲁王阵营都未受到影响甚至还得到提升。

孙权不在意是太子继位还是鲁王接班，但他们的团队里面不允许有江东人，更不可以令江东人担当大任。

陆逊是江东人，又是江东世族的代表，就凭这些，孙权就不会让陆逊做辅政大臣。

陆逊的功劳大能力强，在平日这是优点，但在此时是缺点。孙权知道他的儿子们的能力控制不住陆逊，反而有被陆逊控制的风险。如果将来真的发展到那个地步，东吴帝国将会成为江东世族的政权，他的子孙不过是江东世族操控的傀儡。孙权决不允许这个情况出现，所以，他在死前必须让陆逊先死。但因为陆逊品行端正，又未犯过大错，孙权找不到合适的理由处死陆逊，只能不停地辱骂陆逊，将其逼死，免除后患。

　　孙权最后指定的托孤大臣是诸葛恪、滕胤及孙弘、孙峻。前面两人是流寓北士淮泗子弟，后面两人是孙氏宗室。这个安排已经足以说明孙权的用心。

　　孙权信任的始终都是江北人。鲁肃还在的话，也必定是辅政大臣。

　　对陆逊，孙权是利用；只有对鲁肃，孙权才会推心置腹。孙权一直记得他 19 岁那年，鲁肃来到他的身边对他说过的话，他从未忘记，他始终记得，刻骨铭心。

附　录

鲁肃年谱

熹平元年（172），鲁肃出生于徐州下邳国东城县。

建安五年（200），鲁肃在周瑜的举荐下得到孙权的召见。在这次召对中，鲁肃为孙权制定了江东未来的发展方略，即东吴版的隆中对。

建安十三年（208），鲁肃主动请缨出使荆州，劝说刘备与孙权联合共同抗曹。在江东主降派占据上风时，鲁肃又劝孙权召回周瑜，促使孙权下定决心联合刘备出兵迎战。赤壁之战，孙刘联军以少胜多大败曹军。鲁肃以赞军校尉往来奔走联络，立下大功。

建安十五年（210），周瑜病亡。鲁肃以奋武校尉接替周瑜领兵，不久又以汉昌太守身份屯兵陆口。同年，鲁肃劝孙权将南郡借予刘备。

建安二十年（215），孙刘为争荆州反目，各自调兵遣将。鲁肃在益阳与关羽对峙。为避免双方发生冲突，鲁肃主动提议双方只带单刀相会，关羽欣然同意，此即单刀赴会。不久，孙刘双方以湘水为界平分荆州。

建安二十二年（217），横江将军领汉昌太守，鲁肃病逝于陆口。

后 记

历史长河之中，总有许多重要的人做过许多重要的事，却常常为人们所忽视，被众人所忽略。欲知历史的真相，就要读懂这些人，熟悉他们的生平，才能更好地去探知历史。

人们对历史的认识会因视野的开阔与研究的深入而有更多的心得和更大的收获。

其间总会遇到很多困难，也总会有许多惊喜。历史的魅力即在于此。

青史留名是很多人的愿望，但真正能做到的永远都是少数人。更多的人其实都是在默默地付出，很少会有人记得他们，但这并不重要，真正重要的是，他们为民族为国家真心付出过奉献过，这就够了。

功成不必在我，功成必定有我。这大概就是那些鲜为人知的英雄们的心声。